Sagun Pandey

Impacto da energia eólica na potência reativa e controle de tensão

Sagun Pandey

Impacto da energia eólica na potência reativa e controle de tensão

Turbina eólica, controle de tensão, energia reativa

ScienciaScripts

Imprint

Any brand names and product names mentioned in this book are subject to trademark, brand or patent protection and are trademarks or registered trademarks of their respective holders. The use of brand names, product names, common names, trade names, product descriptions etc. even without a particular marking in this work is in no way to be construed to mean that such names may be regarded as unrestricted in respect of trademark and brand protection legislation and could thus be used by anyone.

Cover image: www.ingimage.com

This book is a translation from the original published under ISBN 978-3-8443-0480-0.

Publisher:
Sciencia Scripts
is a trademark of
Dodo Books Indian Ocean Ltd., member of the OmniScriptum S.R.L Publishing group
str. A.Russo 15, of. 61, Chisinau-2068, Republic of Moldova Europe
Printed at: see last page
ISBN: 978-620-2-76160-4

Conteúdo

Agradecimentos

Quero agradecer ao meu supervisor **Dr. Garry Taylor** pela sua ajuda amável, preciosa e próspera durante o meu trabalho com ele e um grande papel na escrita deste livro.

É um pouco difícil escrever um projecto sem as contribuições de outros. Tenho recebido uma abundância de tal assistência. Pela sua generosa ajuda, quero agradecer ao **Dr. Suroj Pokhrel** por ter recomendado o meu livro para publicação. O meu sinceroagradecimento vai para a LAP LAMBERT Academic Publishing GmbH & Co. KG pela publicação deste livro.

Estou também particularmente grato aos meus amigos e colegas que aguentam as minhas incessantes discussões argumentativas sempre que os convocava.

Sagun Pandey

Dedicação

Tenho imenso prazer em expressar o meu profundo sentido da minha mãe e do meu
pai pelo seu encorajamento, devoção e conselhos valiosos na publicação deste livro.

1.0 Introdução

Como a população mundial é estimada em pouco mais de 6,7 mil milhões, a
quantidade de consumo de electricidade está a aumentar. A procura mundial de
electricidade era de 12 triliões de KWh em 1997 e espera-se que atinja 19 triliões
de KWh em 2015 [1] . Estamos extremamente dependentes da energia mecânica para
a indústria, agricultura e para a vida quotidiana. A electricidade desempenha um papel
importante no fornecimento desta energia tão necessária e existe um enorme interesse
por uma possível fonte de produção.A fonte de energia não renovável, como o carvão,
o gás e a energia nuclear, tem grandes riscos ambientais. O maior interesse em
energias renováveis deve-se à natureza limpa e económica, à estabilidade e à finitude
do combustível fóssil da Terra, que está a ser consumido a um ritmo alarmante. Esta
fonte renovável como a energia hídrica, a energia das marés, a energia solar, a energia
eólica tem um papel importante na redução da emissão de dióxido de carbono (CO_2),
que é um objectivo comunitário importante. A electricidade gerada a partir de fontes
de energia renováveis é, sem dúvida, umaarma poderosa para o mundo na luta para
salvar o planeta e alcançar a independência energética. Contudo, as energias

renováveis terão de superar muitos desafios, incluindo a competitividade económica, factores de desenvolvimento, preocupações de abastecimento e questões de política pública. Os projectos hidroeléctricos emlarga escala tornaram-se cada vez mais difíceis de levar a cabo nos últimos anos devido à utilização concorrente da terra e da água. Tendo uma ampla dispersão geográfica, as fontes renováveis de energia podem ser geradas perto dos centros de carga, o que eliminaa necessidade de linhas de transmissão de alta tensão que atravessam as paisagens rurais e urbanas. A principal vantagem destas renováveis está listada abaixo,

J Pode ser usado repetidamente sem o esgotar

J Nenhuma contribuição para o aquecimento global

J Sem emissões poluentes por serem amigas do ambiente

J Aplicações de baixo custo ao contar todos os custos

J O custo operacional é reduzido e requer menos manutenção

J É o maior produtor de emprego que pode ser um ideal para situações como a recessão

J A terra sob os parques eólicos ainda pode ser utilizada para a agricultura

J Os parques eólicos perto da fuga de terras podem atrair os turistas

Fig.1: Fonte **moderna** de **turbinas eólicas:** www.ewea.org

Há um aumento constante da produção de energia eólica em todo o Reino Unido e noresto do mundo. A energia eólica está a crescer à taxa de 30% anualmente com a capacidade instalada mundial de 121.000 MW em 2008 e esta fonte de energia é amplamente utilizada em toda a Europa e América [23]. Este aumento coloca novos desafios aos operadores desistemas de energia para operarem de forma fiável, segura e económica. O rápido crescimento da energia eólica e as suas implicações no planeamento, operação e controlo do futuro sistema de energia tornou-se um desafio ainda maior nas actuaiscondições liberalizadas do mercado de electricidade.Existe, portanto, um grande interesse na modelização das modernas turbinas eólicas. Nos últimos anos, as pessoas falam da capacidade de um parque eólico para fornecer apoio à rede. Osserviços auxiliares são o número de serviços exigidos pelos operadores do sistema eléctrico aos geradores de energia, a fim de assegurar um funcionamento seguro, fiável, estável e economicamente gerível da rede. Controlo de tensão e frequência, controlo de potência real e reactiva, capacidade de arranque negro e despacho económico são

alguns do seu género. Todos estesserviços deverão também ser prestados por esta fonte de energia renovável.

1.1 Desenvolvimento histórico da energia eólica

Osveleiros e os veleiros utilizam a energia eólica há pelo menos 5000 anos [1] .A energia eólica fez o seu aparecimento na Europa durante a IdadeMédia . Utilizavam estes moinhos eólicos principalmente para bombear água, moer grãos, serrar madeiras e ferramentas eléctricas. Após a revolução industrial na Europa, a energia eólica tornou-se a principal fonte de energia. A energia eólica representa uma dasformas mais antigasde energia mecanizada do mundo.Em 1900 havia cerca de 2500 moinhos eólicos só na Dinamarca, que eram utilizados para trabalhos mecânicos. Nos EUA, quase seis milhões de pequenos moinhos eólicos foram instalados em quintas para fins de irrigação entre 1850 e 1900 [2] .Mas o primeiro moinho de ventoinstalado para produção de electricidade foi construído na Escócia em Julho de 1887 .Contudo, apenas no final do século^{XX}, a energia eólica ressurgiu como uma fonte significativa de energia do mundo. Hoje em dia, grandes centrais eólicas competem com as empresas de electricidade nofornecimento de energia mais limpa e económica em muitas partes do mundo.

Fig.2: A primeira turbina eólica de 12kW operada automaticamente no mundo em Cleveland em 1888 [23]

1.2 O objectivo2020 estabelecido pela UE e o Reino Unido

Devido à sua natureza limpa, a maioria da nação, incluindo o Reino Unido, tem considerado a energia eólica como a mais promissora nova fonte de energia eléctrica a curto prazo. O Reino Unido concordou em combater as alterações climáticas e em reduzir as emissões de gases com efeito de estufa em 20% até 2020 . O avanço tecnológico tem sido um dos principais factores a contribuir para o crescimento da indústria da energia eólica e de outras energias renováveis para alcançar a meta de 2020 . Tem havido muita retórica sobre a forma como o mundo irá cumprir a sua meta de emissões. Paraatingir este objectivo, o governo do Reino Unido definiu um conjunto de estratégias. Estas incluem o Plano Transitório de Baixo Carbono do Reino Unido, a Estratégia Industrial de Baixo Carbono do Reino Unido, a Estratégia de Transporte de Baixo Carbono do Reino Unido e a Estratégia para as Energias Renováveis [21] . Os mapas estratégicos das energias renováveis explicam comoo Reino Unido cumprirá a sua meta de obter 15% de toda a energia proveniente de energias renováveis até 2020 . Se este objectivo de 2020 for atingido, as emissões industriais totais da UE em 2020 serão limitadas a 21% abaixo dos níveis de 2005 e 20% de todo o consumo de energia para electricidade,aquecimento e arrefecimento e transportes devem ser derivados from renewable sources by that date.

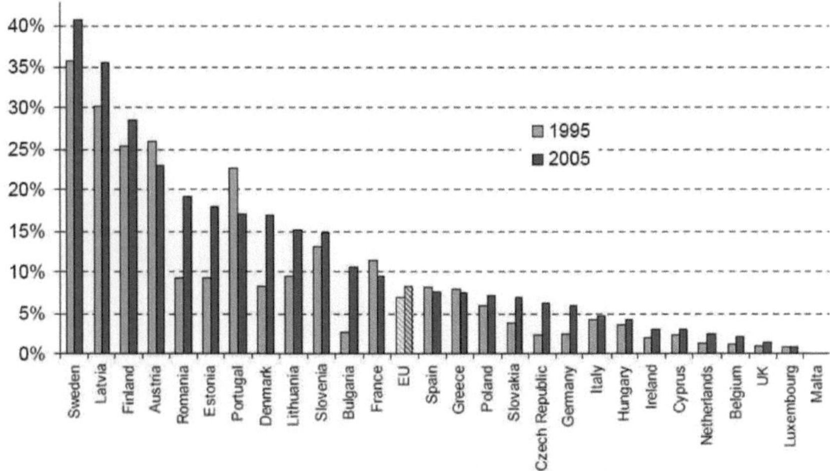

Fig.3: Percentagem do consumo final total de energia proveniente de fontes renováveis [22]

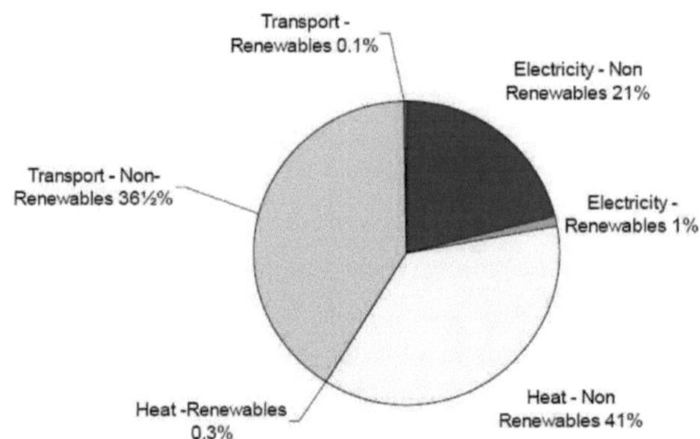

Fig.4: Percentagem de electricidade, transporte e calor no consumo final de energia no Reino Unido

(2006) [21]

Do gráfico acima,podemos ver que 1,3% do consumo final de energia foi gerado pela fonte de energia renovável.

1.3 Ventos no Reino Unido e no mundo

A energia eólica destaca-se como uma das mais promissoras novas fontes de energia eléctrica a curto prazo, que não pode ser despachada. Os grandes parques eólicos estão localizados em locais geográficos adequados, produzindo a maior parte da energia. Estas potências são então transferidas para grandes centros de consumo em linhas de transmissão de longa distância.

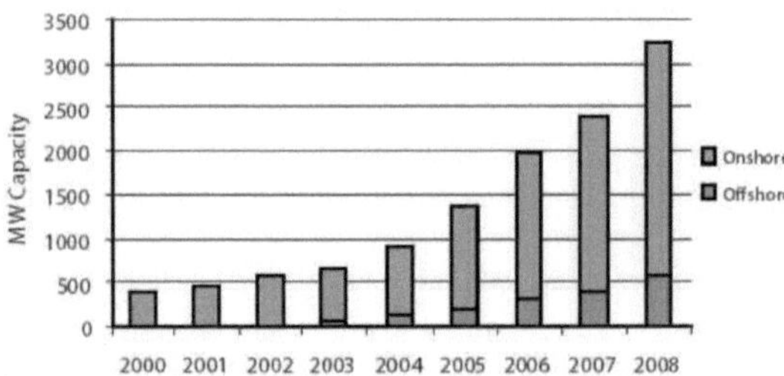

Fig.5: Capacidade operacional que quebra a marca de 3 GW noReino Unido [24]

A geração eólica fornece uma fonte de energia que é um pouco diferente da fornecida por um combustível fóssil. Nos primeiros tempos, as gerações de geradores eólicos não tinham qualquer provisão para o controlo da energiareactiva e tinham um impacto adverso na estabilidade da tensão da redeac. A geração dependia da velocidade do vento estar dentro da gama de concepção. Mas nos últimos dias, os centros de controlo do sistema monitorizam e controlam continuamente o sistema de energia para assegurar a qualidade da energia.

No final do anode 2008, apotência total em terragerada pelo vento era de 2674MW e de 566 MW no mar ,atravessando um marco de 3.240 MW nototal . Existem actualmente maiores parques eólicos onshore e offshore em construção em solo britânico e que, após a sua conclusão, ajudarão o Reino Unido a passar para os quatro primeirosda tabela classificativa europeia [24].

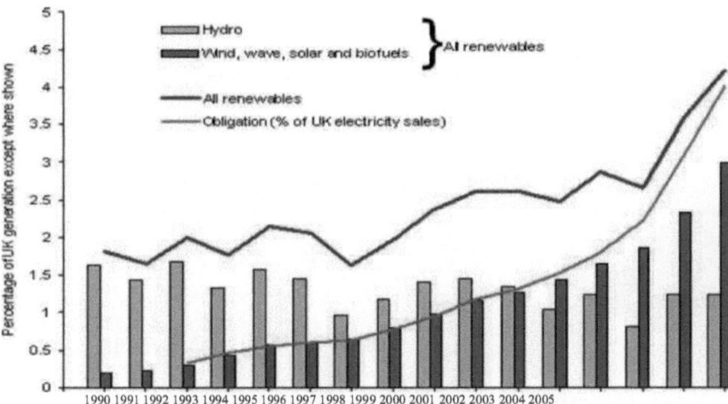

Fig.6: Fonte renovável de electricidade no Reino Unido [8].

Fig.7: Energia eólica mundial - Capacidade total instalada (MW) e previsão 2010) fonte: www.wwea.com

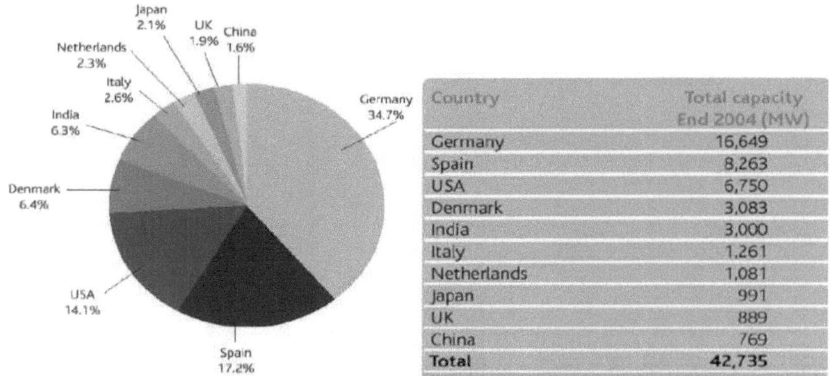

Country	Total capacity End 2004 (MW)
Germany	16,649
Spain	8,263
USA	6,750
Denmark	3,083
India	3,000
Italy	1,261
Netherlands	1,081
Japan	991
UK	889
China	769
Total	42,735

Fig.8: Os dez principais mercados de energia eólica de 2004 e os MW cumulativos instalados [28].

2.1 Estimativa da energia que se pode obter do vento

O ar em movimento é chamado vento. A densidade do ar é muito baixa em comparação com outros metais sólidos ou líquidos, mas quando o ar está em movimento produz energia cinética. As turbinas eólicas são aquelas que são instaladas emespaço aberto que utilizam energia mecânica do ar ou do vento e a convertem em energia cinética.

2.2 Energia Cinética $= 2\ m U2$

Onde, m = massa do ar

    U = Velocidade do ar

Suponha-se, p = é a densidade do ar (1,225 kg/m3)

    A = é a área através da qual o ar passa (área varrida pelo rotor)

A massa de ar que depois passa em unidade de tempo é $p\ A\ U$

Comparando estas relações, a energia cinética total que atravessa a área em tempo unitário é

$$K.E = \frac{p}{2} AU.U2$$

$$= \frac{1}{2} p\ AAU3$$

Esta é a potência total disponível no vento para extracção por uma máquina movida pelo vento. Mas apenas uma fracção desta potência pode realmente ser extraída.

Assim, a potência de saída (P) de uma turbina eólica é dada pela equação

$$P = \frac{1}{2} CppAU3$$

Cp É um coeficiente de potência

O coeficiente de potência descreve a quantidade de potência no vento que pode ser capaz de converter pela turbina em trabalho mecânico que também é chamado de limite de Betz.

A densidade p do ar varia com a altitude e com as condições atmosféricas. Para ar seco,

$$\text{Densidade (g/m3)} = 348{,}8 \times \frac{\text{pressão atmosférica em milibars}}{\text{temperatura em graus (C)}}$$

A densidade padrão à pressão atmosférica de 1000 milibares e uma temperatura de 2900 é de 1201g/m3. Com o aumento do vapor de água , a densidade diminui ligeiramente mas pode ser negligenciada no cálculo da potência do vento porque esta é negligenciavelmente pequena.

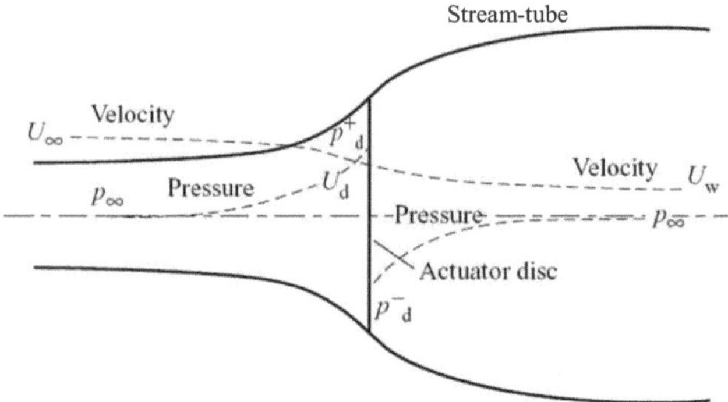

Fig.9: Um tubo de fluxo e um disco actuador de uma turbina

Conhecemos $Cp = \dfrac{Power}{\frac{1}{2}\,pU^{\wedge 3}Ad}$ (1)

Também sabemos que Power = $2pU{\sim}3Ad\ a(1 - a)^2$ -------- (2)

Comparando as equações 1 e 2 que podemos obter, $Cp = 4a(1- a)^2$

2.1 Limite de Betz

A lei de Betz é uma explicação sobre a máxima energia possível a ser derivada de um motor eólico hidráulico ou a energia máxima que se pode obter de um fluido fluido fluente. Quanto mais Energia Cinética uma turbina eólica puxar do vento, mais o vento abrandará e se extrairmos 100% da energia, a velocidade do vento será zero, pelo que não haverá mais movimento do ar e não iremos extrair qualquer energia.

Nós sabemos,

$$Cp = 4a(1-a)^2$$

O valor máximo de Cp ocorre quando

$$\frac{Cp}{ddaa} = 4(1-a)(1-3a) = 0$$

Ou, $a=2$

Assim, Cp max   -— 0.593

Isto explica que nenhuma turbina pode captar mais de 59,3% da energia cinética no vento.

3.1 Turbinas eólicas modernas

Turbina Eólica é uma máquina que converte a energia eólica em electricidade. A tecnologia das turbinas eólicas é uma dastecnologiasrenováveis mais emergentes. Estas turbinas são ligadas a algumas redes eléctricas que depois convertem a energia mecânica gerada em electricidade. Devido ao desenvolvimento dos dispositivos semicondutores e da tecnologia dos microprocessadores, o número de aplicações emparqueseólicostem vindo a aumentar nos últimos quarenta anos.

As modernas turbinas eólicas instaladas nos últimos anos para a produção comercial de electricidade estão geralmente a ter motores de indução controlados pelos computadores. Estão a mover-se até 200 milhas por hora comondulação dealtaeficiência e baixa potência. A caixa de velocidades está ligada para aumentar a velocidade. Podemos encontrar uma velocidade constante ou turbinas de velocidade variável que depois se ligam aos conversores de energia para fazer interface com a rede externa. Estas turbinas são ligadas e desligadasquando necessário.

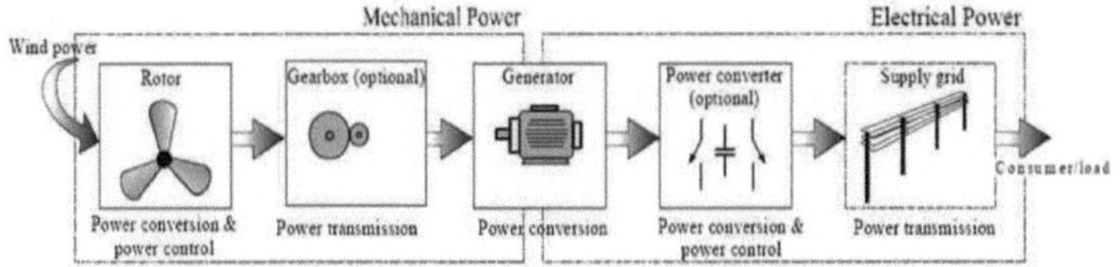

Fig.10: Conversão de energia eólica em energia eléctrica em turbina

O sistema de energia eólica é composto por uma ou mais unidades que operam electricamente em paralelo, o que inclui circuitos para carregar a bateria, sistemas de energia à escala residencial , sistemas isolados e grande rede de serviços públicos.

O moderno sistema de energia eólica consiste em diferentes componentes para a produção de energia e paragem quando necessário. A torre, pás, engrenagem mecânica, gerador eléctrico, sensores de velocidade,dispositivos conversores deenergiae a ligação para transmitir a energia à rede externa são algunsdeles.

3.2 Principais componentes das turbinas eólicas

As turbinas eólicas distinguem-se em turbinas de eixo horizontal e eixo vertical. Nos últimos anos, praticamente todas as turbinas eólicasutilizam o conceito de eixo horizontal. Os componentes das modernas turbinas eólicas são explicados abaixo.

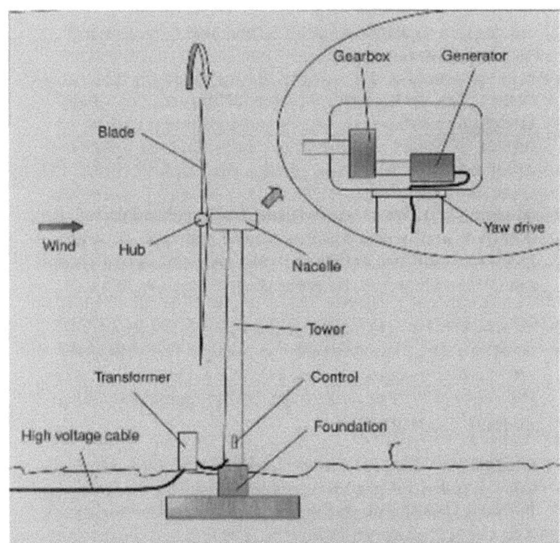

Fig.11: Componentes da turbina eólica [25]
Lâminas

As lâminas são a parte móvel externa das turbinas eólicas e estão ligadas ao cubo. São fixadas numa posição fixa e angular denominada regulação de estagnação ou em rolamentos denominados regulação de passo. A maioria das turbinas eólicas recentemente fabricadas tem três lâminas, mas também se encontram normalmente modelos com duas lâminas.

Rotor

Inclui lâminas e cubo. Rodamà velocidade fixa ou variável, dependendo do desenho.

Hub

Ajuda a ligar as lâminas ao eixo principal. Equipamento hidráulico, mecânico ou eléctrico para accionar o ajuste do passo das pás ou travões aerodinâmicos de emergência são frequentemente montados no cubo.

Nacelle

É composto por caixa de velocidades, gerador e vários equipamentos de controlo e monitorização. A nacela é então ligada à torre.

Caixa de velocidades

Ajuda a aumentar a velocidade lenta do eixo principal para uma velocidade adequada ao gerador para produzir aelectricidadede qualidade da rede.

Gerador

A maioria das turbinas eólicas instaladas nos últimos anos em aplicações ligadas à rede utilizam geradores de indução. Este tipo de geradores funciona a uma velocidade ligeiramente superior à sua velocidade síncrona dentro de uma gama estreita.

3.1.1 Gerador deindução

O gerador de indução desempenha um papel significativo para o comportamento de uma turbina eólica, devido ao seu comportamento dinâmico. Estes geradores representam a tecnologia bem estabelecida e não requerem escovas ou comutadores são mais robustos e mais simples.

Os geradores síncronos funcionam a uma velocidade constante relacionada com a frequência fixa, pelo que o tipo síncrono não é utilizado para operações de velocidade variável em parques eólicos. As máquinas de indução também não requerem potência de campo DC separada. Para além deste baixocusto decapitale manutenção e melhor desempenho transitório são a sua característica básica.

As máquinas de indução não podem fornecer a sua própria corrente de excitação, pelo que esta tem de ser fornecida pela rede ou através de condensadores. O gerador de indução não pode forneceralimentação defalha, controlo de potência reactiva ou de tensão, regulação de frequência ou controlo de potência, mas contribui para a inércia do sistema eléctrico da mesma forma que um motor de indução industrial padrão.

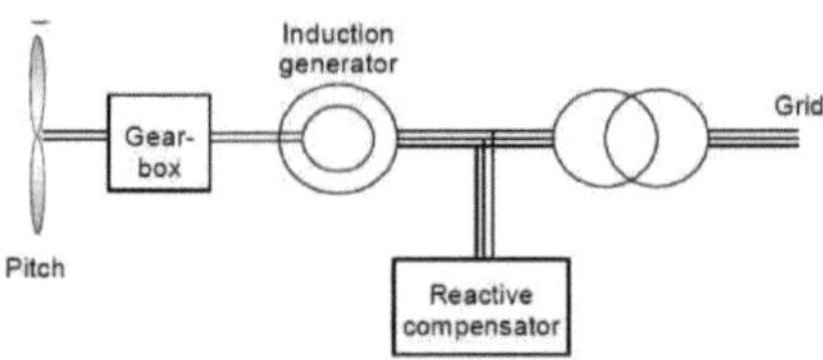

Fig.12: Turbinas eólicas com gerador de indução semutilizar conversores de energia

[6].

Fig.13: Turbinas eólicas com gerador de indução com conversores de energia back to back para controlo da potência reactiva [6].

3.1.2 Geradores de indução de alimentação dupla

Para construir um sistema de frequência constante de velocidade variável, umgerador deinduçãoé considerado atractivo devido à sua característica de velocidade de rotor flexível no que diz respeito à frequência constante do estator. O circuito de rotor enrolado é utilizado com este gerador de indução de dupla alimentação, sendo o enrolamento acessível externamente através de anéis deslizantes. O gerador é ligado à turbina através de uma caixa de engrenagens. Há uma electrónica de potência utilizada para permitir que o gerador funcione numa grande gama de velocidades. Estes geradores contribuem para a inércia global do sistema de energia, potência reactiva,regulação de voltagem e frequênciae uma passagem de falha a uma extensão limitada.

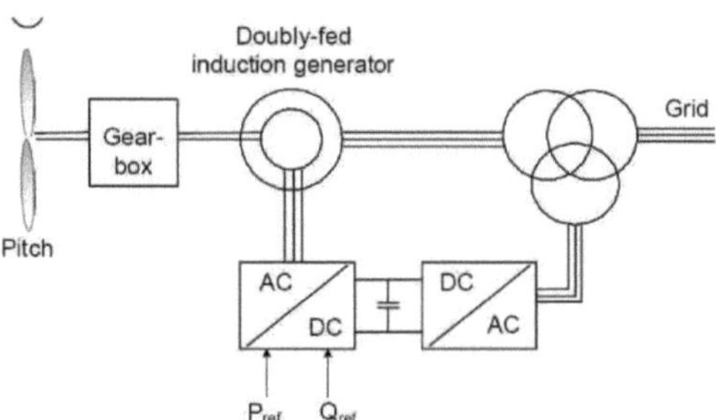

Fig.14: Turbinas eólicas com gerador de indução de alimentação dupla com conversor back to back para controlo da potência reactiva [6].

Além disso, algumas pequenas turbinas eólicas utilizam geradores CC e, nos últimos anos,é utilizadoumconversor de potência totalmente nominal entre o gerador e a ligação à rede para um excelente controlo dos desempenhos eléctricos.

3.3 A curva de potência de uma turbina eólica

É um gráfico traçado entre a energia gerada pela turbina eólica e avelocidade do vento. A potência gerada por uma turbina eólica varia com a velocidade do vento e cada turbina eólica tem uma curva característica de desempenho de potência. Esta curva ajuda a prever a possível produção de energia de uma turbina eólica sem considerar os detalhes técnicos dos seus vários componentes.

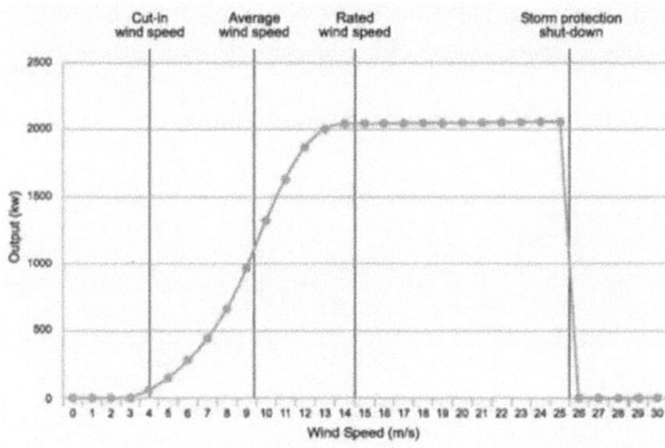

Fig.15: Curva de potência para uma turbina eólica típica [7].

A partir da curva podemos ver, a turbina eólica arranca para gerar energia à velocidade do vento de 4m/s e à medida que a velocidade do vento aumenta, a potência também aumenta. Quando a velocidade do vento é de 14m/s a 25m/s, os geradores geram a potência máxima. Se a velocidade do vento exceder mais para cima, as turbinas eólicas desligam-se por razões de segurança e a turbina eólica pára.

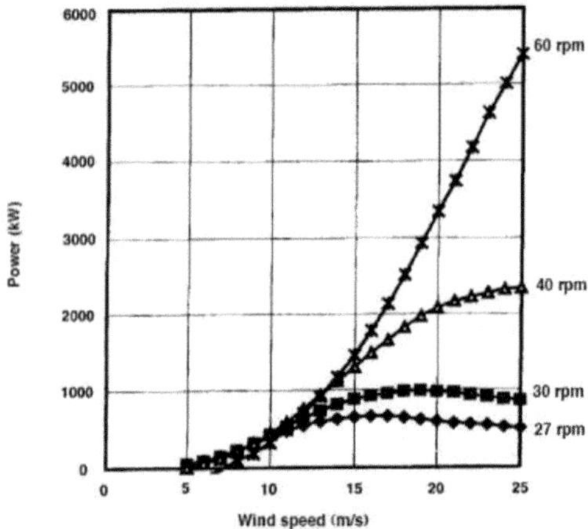

Fig.16: Curva de potência a diferentes velocidades de rotação [27]

Este diagrama mostra a curva de potência da turbina eólica de600 kW em função da velocidade de rotação da lâmina. Esta curva mostra quão grande será a potência eléctrica para a turbina a diferentes velocidades do vento. A curva inferior ilustra acurva de potência normal controlada pelo gerador a uma velocidade de rotação da lâmina de vento de 27 rpm. As outras três curvas são a curva desenhada à diferente velocidade de

30rpm, 40rpm e 60rpm. Do gráfico acima, podemos ver que, a turbina eólica produzirá ligeiramente menosde 600 kW quando a velocidade do vento for 20m/s. Com um aumento de 10% da velocidade rotacional da lâmina, a turbina produzirá 100kW a 30rpm. A produção de energia aumenta então ainda mais para 2000kW e 3300 kW à velocidade de rotação de 40rpm e 60rpm, respectivamente. Se a velocidade do vento for de 60rpm com velocidade do vento de 25m/s, então há uma produção máxima de energia de 5400kW.

3.4 Instalação de turbinas eólicas

Uma turbina eólica gera electricidade quando há vento suficiente para rodar as pás. Se não houver vento a soprar, o gerador de indução utilizado para gerar electricidade actua como um motor. Estes motores arrastam então as pás do rotor. E a ligação à rede é desconectada. Estas operações são feitas pelos controladores do sistema eléctrico. Quando a velocidade do vento é suficiente para gerar e quando as turbinas começam a girar no limite operacional, então a rede é ligada de novo. Utilizam os tiristores para ligar e desligar a rede. Estes tiristores permitem à turbina uma geração mais suave e suave e também evitam que a rede seja danificada. Evitam também que a caixa de velocidades e outros componentes mecânicos sofram stress. No entanto, a perda nestes interruptores semicondutores é maior no aumento da frequência de comutação.

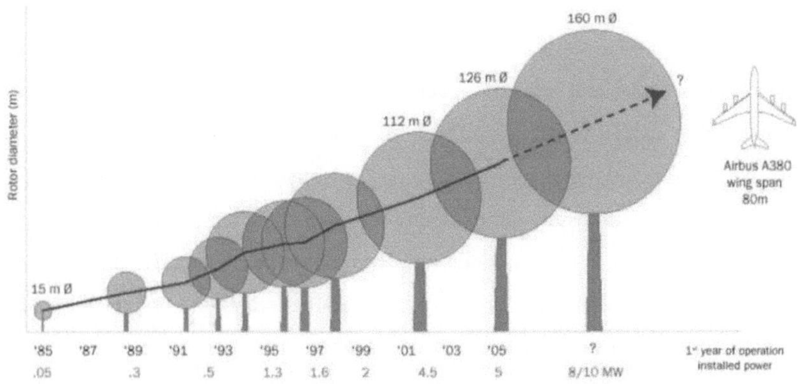

Fig.17: Dimensão do desenvolvimento das turbinas eólicas nos últimos 25 anos e a sua capacidade de produção de energia [28]

4.1 Efeito de potência reactiva e controlo em sistemas de potência

Para descrever o movimento de energia de fundo num sistema de corrente alternada (CA), os engenheiros utilizaram um conceito de potência reactiva resultante da produção de camposeléctricos e magnéticos . Através de cada ciclo de corrente alternada, estes campos armazenam alterações de energia. Tal como a potência real, precisamos de manter o equilíbrio da potência reactiva entre a fonte da geração e o ponto de procura. Isto é feito através de arranjos de circuitos, transformadores e compensação dederivação e estática.

Os parques eólicos devem fornecer a tensão e o controlo da potência reactiva necessários para assegurar, com a sua contribuição para os serviços dos sistemas auxiliares, o funcionamento seguro dos sistemas de energia. Acredita-se que os futuros grandes parques eólicosserão sempre capazes de controlar a saída de energia reactiva quer através de acções de controlo no próprio gerador, quer através da utilização de dispositivos electrónicos de potência adicionais, tais como SVCs e STATCOMs.

O controlo para operar a turbina ajuda a produzir electricidade com qualidade de rede.As turbinas develocidade variávelproduzem energia com eficiências ligeiramente mais elevadas numa gama operacional mais ampla de velocidade do vento do que as turbinas de velocidade constante. Nas turbinas de velocidade variável, a electrónica de potência é necessária para produzir electricidade de qualidade. As turbinas eólicas de velocidade variáveltambém fornecem energia reactiva à rede e controlam dinamicamente o fornecimento de energia reactiva e o factor de potência à rede. Esta característica pode ser útil para o funcionamento do sistema de transmissão, particularmente nas partes remotas dosistema de transmissãoonde controlar a tensão e a potência reactiva é difícil e dispendioso. A potência reactiva pode ser controlada utilizando condutores de maiores dimensões, bancos de condensadores e compensadores reactivos. Projectos de energia eólica em locais remotos com capacidade de produzir ou consumir energia reactiva com um factor de potência estática ou dinâmica podem mitigar equipamento dispendioso para correcção de MVAr. O sistema de velocidade constante na rede ajuda no consumo de energia reactiva. Esta energia reactiva consumida tem de ser fornecida ou pela outra rede ou por compensadores reactivos. Os operadores que trabalham para a transmissão de energia nos últimos anos estão mais interessados em utilizar a energia eólica localizada emlocais remotos para fornecer suporte de tensão e controlo de energia reactiva.

As potências reactivas são utilizadas para ajustar a tensão. Em todos os sistemas de transmissão CA têm componentes reactivos que são expressos como "Factor de Potência". Se o factor de potência for baixo, os VARs são retirados da rede e o seu impacto reduz a tensão, e se Pf for alto, os VARs são injectados na rede. Assim, para optimizar o fluxo real de energia, os VARs desempenham o papel mais importante e são controlados através da absorção ou injecção dos VARs. Particularmente na ligação de grandes parques eólicos à rede, não necessariamente estes VARs são controlados. O principal objectivo deste projecto é estudar os efeitos sobre estas potências reactivas.

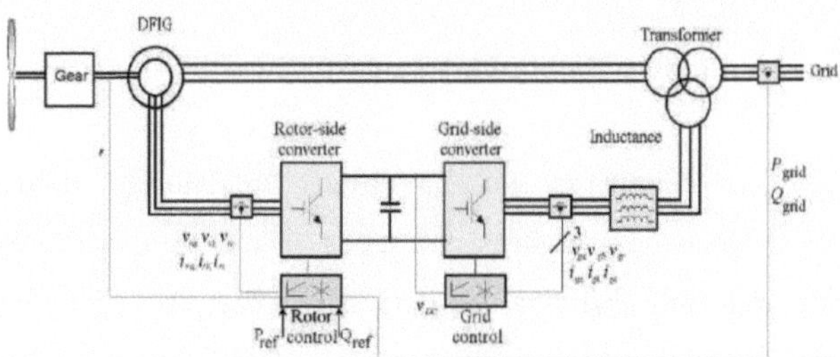

Fig.18: Controlo básico da energia activa e reactiva em turbinas eólicas (sistema de geração por indução duplamente alimentado) [6]

Tanto nas redes de Transmissão como de Distribuição, existemlimites operacionaisfixospara as tensões. Estas redes de Transmissão e Distribuição precisam de ser operadas dentro destes limites de frequência e tensão. Para a estabilidade do sistema e da própria rede, há um confronto para os operadores operarem dentro destes limitesquando estas fontes renováveis de electricidade e grandes parques eólicos estão ligados ao nível de transmissão e distribuição.

A maioria do equipamento ligado ao sistema eléctrico irá gerar ou absorver energia reactiva, mas nem todo pode ser utilizado economicamente para controlar atensão. O equipamento popular utilizado para controlar a energia reactiva no sistema de energia é mostrado abaixo.

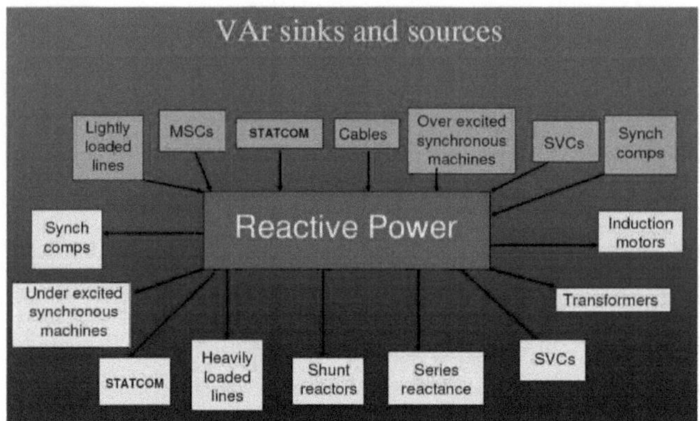

Fig.19: Poços e fontes de energia reactiva num sistema eléctrico [9].

4.1 Ferramenta simuladora do mundo da energia

Os serviços públicos de energia estão a utilizar amplamente diferentes modelos informáticos de sistemas de energia para estudar o fluxo de carga, a estabilidade da tensão e o comportamento dinâmico dos sistemas de energia. O Simulador PW é um software de simulação de sistemas de energia e ferramenta de análise que pode simularsistemas de energia de altatensão num período de tempo e tem uma capacidade para resolver sistemas até 100.000 barras de autocarro de forma eficiente. Este software tem uma vasta gama de funções, desde ajudar as pessoas a estudar análises de falhas equilibradas e desequilibradas. Diz respeito desde o sistema de transmissão,análise económica e fluxo de potência óptimo até à análise do fluxo de potência que inclui análise de contingência, estudos de capacidade de transferência, estudos de curvas PV e QV, análise de falhas e intercâmbio de áreas. O mundo da potência também ajuda a resolver estudos de fluxo de potência utilizando diferentes métodos de soluções, tais como o método Newton-Raphson ou o método Fast Decoupled.

Estão disponíveis no mercado vários pacotes de software comercial dedicados à simulação de sistemas de energia, incluindo fonte sustentável. Mas o simulador do mundo da energia foi seleccionadoporque apoia a necessidade do projecto. Alguns outros softwares, como o DIgSILENT Power Factory, também poderiam apoiar as necessidades básicas do projecto. Mas devido à disponibilidade e à sua característica que combina modelos com diferentes níveis detalhados de uma forma muito bem estruturada, Power World foi seleccionado.

4.2 Modelo de turbina eólica

Este modelo explica a ligação de todo o sistema desde o rotor da turbina até ao ponto de ligação à rede onde a energia eléctrica é introduzida na rede. Cada turbina tem o seu próprio modelo de turbina eólicae permite a simulação da interacção entre o vento turbinas.

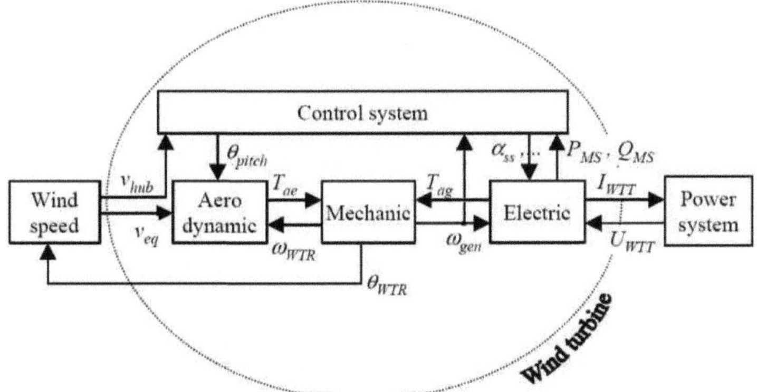

Fig.20: Interacção de um modelo aerodinâmico, mecânico e eléctrico com um modelo de sistema de controlo global da turbina eólica [6].

Este modelo de turbina eólica consiste em aerodinâmica, um modelo mecânico, e um modelo eléctrico com um modelo de sistema de controlo global. Da figura acima, podemos ver claramente o modelo aerodinâmico faz interface entre o modelo eólico e o modelo eléctrico com o sistema de potência. O modelo eléctrico e o sistema eléctrico interage através das tensões (U) e da corrente (I). No outro lado, omodeloeléctricofornece o binário de ar (T) ao gerador e utiliza a velocidade do gerador*(III)* como entrada. O modelo eléctrico também produz a potência activa (P) e a potência reactiva (Q) no interruptor principal, representando as tensões e correntes medidas do sistema de controlo. Os sinais de controlo para o modelo eléctrico são fornecidos pelo sistema de controlo.

4.3 Modelo eléctrico de uma turbina eólica típica

As turbinas eólicas básicas consistem em geradores de indução, um motor de arranque, um banco de condensadores para a correcção do factor de potência e um transformador para o aumento do nível de tensão. Podemos utilizar um banco de condensadores em cada turbina ou pode ser utilizado no barramento do autocarro onde as turbinas eólicas estão ligadas. Existem dois geradores e apenas um deles é ligado de cada vez e o segundo é durante a falha no primeiro gerador.

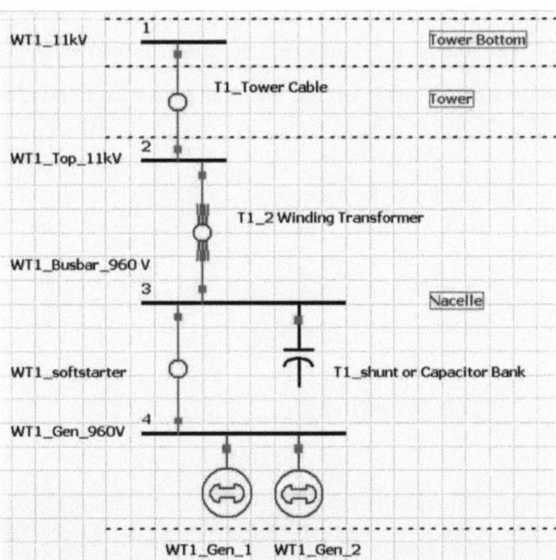

Fig.21: Diagrama unifilar do modelo eléctrico da turbina eólica, implementado no Power World.

Este modelo contém todos os componentes eléctricos da turbina eólica desde a base da torre até ao topo da torre.WT1_11kV e WT1_Top_11kV representam a base e o topo da turbina eólica respectivamente. O transformador, o banco de condensadores, o interruptor principal e o arrancador suave são colocados na nacela. A maior parte do gerador utilizado nas turbinas eólicas édo tipo deindução em gaiola de esquilo.Como os geradores de indução requerem energia reactiva para a excitação, o banco de condensadores ou o shunt substanciais realizam a compensação do factor de potência.

4.4 Modelação de grelhas

Consideremos um parque eólico de oito turbinas eólicas WT1, WT2WT8   . Cada uma de
estas turbinas eólicas com potência nominal de 500kW a 11kV, com controlo activo de estagnação. Estas turbinas são distribuídas em duas filas. A distância entre duas turbinas em cada fila é

300m que tem aproximadamente 6 diâmetros de rotor e a distânciaentreasfilas é 700m. Uma linha de apoio é ligada no fim das filas para a estabilidade do sistema.

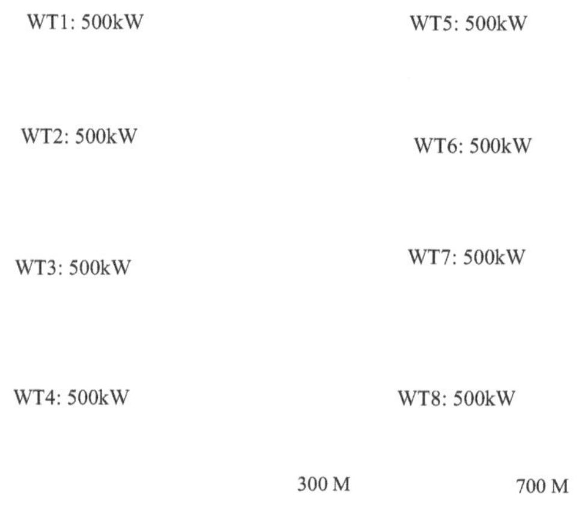

WT1: 500kW   WT5: 500kW

WT2: 500kW   WT6: 500kW

WT3: 500kW   WT7: 500kW

WT4: 500kW   WT8: 500kW

300 M   700 M

Fig.22: Disposição do parque eólico projectado

Dois transformadores idênticos 12,5 MVA, 33kV/11kV são instalados para aumentar a tensão. Em funcionamento normal, apenas um deles é operado e o segundo transformador serve de reserva para a segurança do sistema.

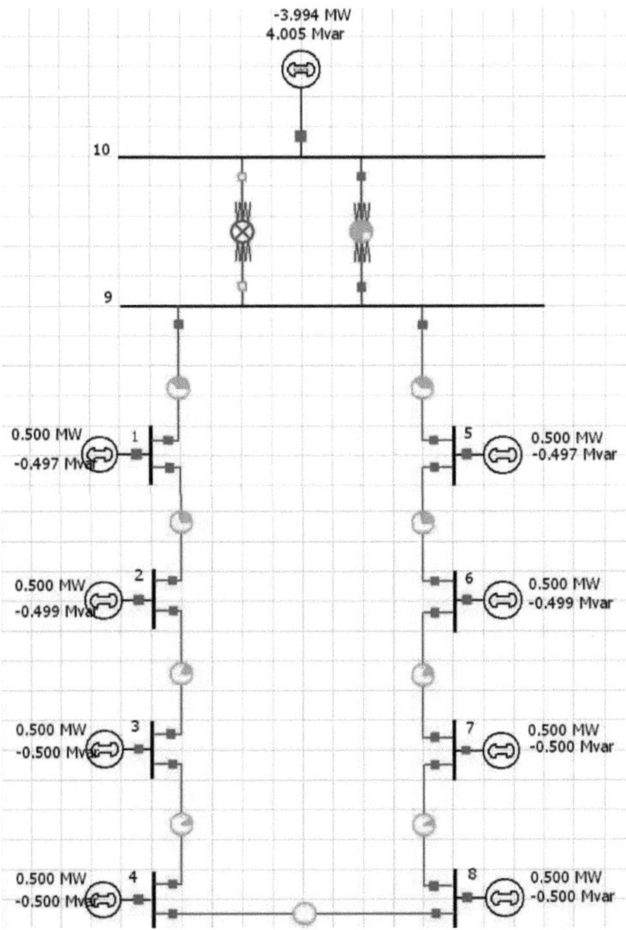

Fig.23: Diagrama de uma linha da rede do parque eólico no simulador do mundo da energia

A figura acima é um diagrama online de um parque eólico concebido. Como o nível de tensão das turbinas eólicas é de 11kV, o transformador é utilizado para aumentar a tensão para 33kV paraligação à rede externa ou para transmissão longa. Como a energia reactiva é requerida pelos geradores de indução, esta energia reactiva é fornecida pela rede externa.

Consideremos uma carga ligada à barra de autocarro de 11kV que se estima ser de 750kW com 250kVAr (atrasado).

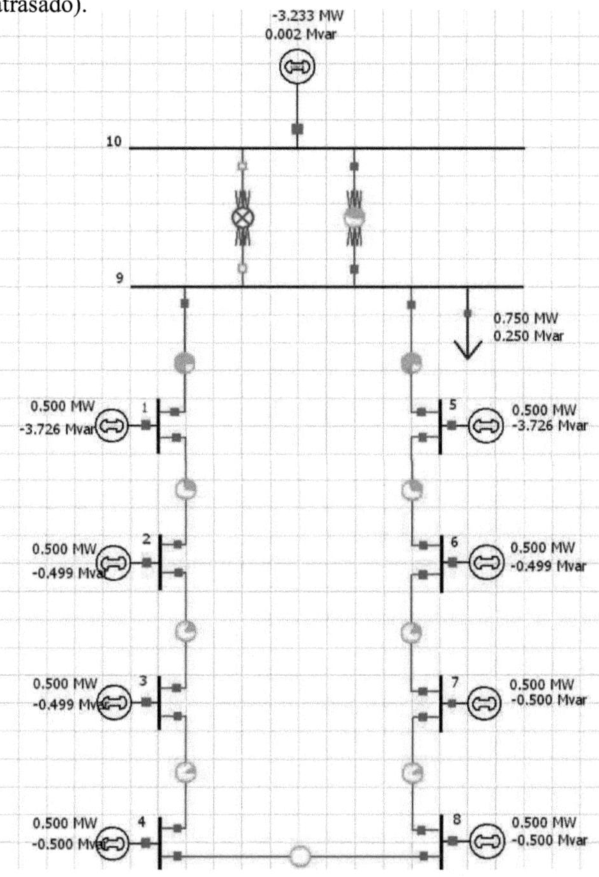

Fig.24: Diagrama de uma linha da rede do parque eólico quando a carga é adicionada ao rede

4.5 Cálculo do custo do parque eólico

A maioria das turbinas eólicas estão equipadas com instalações de controlo de tensão e, portanto, são representadas como nós fotovoltaicos. O novo circuito de 11kV, 7,5MVA, custa £13,000 /km e tem parâmetros eléctricos X=0,02pu/km, R=0,02pu/km e S=0,0 . O transformador 33kV/11kV custa £12,000 cada, a subestação 33kV/11kV pode ser instalada por £195,000 e as perdas de energia custam £0.05/kWhr. 40m de diâmetro de rotor 500kW de controlo de estagnação turbina eólica de tamanho médio com fundação com estacas custa £22.000 [10] . O circuito de 33kV, 12,5MVA avaliado custa £25,000/km e tem parâmetros eléctricos X=0,01pu/km, R=0,008pu/km e S=0,0 liga a barra do autocarro 9 e 10.

O comprimento total da linha de 11kV é de 2500m, pelo que o custo é de 2,5*13,000 = £32,500

O comprimento da linha de 33kV é suposto ser 100m, pelo que o custo é de £2,500

O custo da transferência é de 12,000*2 = £24,000

O custo da subestação é de £195,000

O custo das oito turbinas eólicas é de £176.000

Assim, o custo total do sistema é

32,500+2,500+24,000+195,000+176,000 =£430,000.

4.6 Cálculo da perda de potência

Nós sabemos

$ДS=^{7}P^2 + Q2$ (Aparente poder)

Perdas reais de energia

$$ДP=\ ^{12}R = \left(S\text{-'I}_{.R} = \frac{P^2 + Q^2}{V2}.R \right.$$
$$< V)$$

Para o cálculo do fluxo de energia na rede, pode ser utilizadoo método Newton-Rapson.

$$s = Pk+jQ. = VYnVe_{(Sk\,-Sn-ekn)}$$

$$P = V_k V_k \sum_{n=1}^{N} V_{kn}\, Y_n\, V_k\, V_{kn} \cos(A-4-6)$$

$$Q = V_k\, V_k\, \sum_{n=1}^{N} V_{kn}\, Y_n\, V_k\, V_{kn} \sin(A-A-6) \quad k=1, 2\text{---} N$$

Onde,

Elemento fora de diagonal: Ykn = -(soma das admissões ligadas entre k e n do autocarro)

Elementos diagonais: Ykk = soma das admissões ligadas ao autocarro k.

A observação foi então feita no Power World Simulator para perdas e o fluxo de energia no sistema.

# too ;?o Д $t, Records- Geo - Set - Colunas - Щ-a'S- *g£-$0- -&, H Options-												
	Do Número	Para o Número	Estado	Perda Mvar	Perda de MW	MVA De	MW De	Mvar De	R_1	X_1	B_1	Lim AMVAl Lim
£	1	2 Fechado	0.00090	0.00090 [	2.11998]	-1.49860	1.49950	0.02000	0.02000	0.00000	7.5000
2	1	9 Fechado	0.00135	0.00135	2.59913	1.99870	-1.66153	0.02000	0.02000	0.00000	7.5000
3	2	3 Fechado	0.00040	0.00040	1.41379	-0.99950	0.99990	0.02000	0.02000	0.00000	7.5000
4	3	4 Fechado	0.00010	0.00010	0.70704	-0.49990	0.50000	0.02000	0.02000	0.00000	7.5000
5	4	8 Fechado	0.00000	0.00000	0.00000	0.00000	0.00000	0.02000	0.02000	0.00000	7.5000
6	5	6 Fechado	0.00090	0.00090	2.11998	-1.49860	1.49950	0.02000	0.02000	0.00000	7.5000
7	5	9 Fechado	0.00135	0.00135	2.59913	1.99870	-1.66153	0.02000	0.02000	0.00000	7.5000
8	7	6 Fechado	0.00040	0.00040	1.41379	0.99990	-0.99950	0.02000	0.02000	0.00000	7.5000
9	8	7 Fechado	0.00010	0.00010	0.70704	0.50000	-0.49990	0.02000	0.02000	0.00000	7.5000
		9 Aberto									
11	10	9 Fechado	0.00466	0.00466	4.82863	-3.23998	3.58024	0.02000	0.02000	0.00000	7.5000

Fig.25: Observação de perdas e parâmetros de linha feita no simulador do mundo de energia

programa

0=0 # também +?o #4		Registos - Geo - Conjunto - Colunas ' Щ- gS- ᴷ"					aS H °ptior	
	Número de autocarro | Nome do autocarro	Gen MW | Gen Mvar | Set Volt | AGC	AVR	Min MW	Max MW | Min Mvar	Max Mvar		
£	1 1	0,5000 -0,16203 1,00000 NÃO	SIM	0.00	1000.00 -9900.00	9900.0Q
2	2 2	0,5000 -0,49870 1,00000 NÃO	SIM	0.00	1000.00 -9900.00	9900.00
3	3 3	0,5000 -0,49950 1,00000 NÃO	SIM	0.00	1000.00 -9900.00	9900.00
4	4 4	0,5000 -0,49990 1,00000 NÃO	SIM	0.00	1000.00 -9900.00	9900.00
5	5 5	0,5000 -0,16203 1,00000 NÃO	SIM	0.00	1000.00 -9900.00	9900.00
6	6 6	0,5000 -0,49870 1,00000 NÃO	SIM	0.00	1000.00 -9900.00	9900.00
7	7 7	0,5000 -0,49950 1,00000 NÃO	SIM	0.00	1000.00 -9900.00	9900.00
8	8 8	0,5000 -0,49990 1,00000 NÃO	SIM	0.00	1000.00 -9900.00	9900.00
9	10 10	-3,2400 3,58024 1,00000 NÃO	SIM	0.00	1000.00 -9900.00	9900.00

Fig.26: Observação da geração de MW e MVAr pelas turbinaseólicas

Com base na fórmula abaixo, são calculadas as perdas de potência nas linhas.

$AS = AP + jAQ$ Ou $|AS| = $ ЈІ/AP2 $+ A$ $Q2$

$AP = I$ ^{2R} $R = $ $\Gamma S^\wedge$. $R = $ $P + Q$. $R < V$) $V2$

$AQ = $ $^{12}.X = $ $P + Q2$.X
$\quad\quad\quad\quad\overline{V2}$

Cálculo da resistência (R) e da reactância (X) das linhas

Para linhas de 11kV, assumindo que a base de potência é *Sbase* =100MVA e a base de tensão é

$_{base}$ =11kV.

Portanto, a base de Impedância é $Z_{base} = \dfrac{V2}{S_{base}}$ $\dfrac{_{112}kV}{100}$ $1.21(Ohms)$

A base de admissão é $\dfrac{SSase}{V2} = \dfrac{100MVA}{_{112}kVVos)} = 0\ 82644(Mhos)$
$\quad\quad\quad\quad\quad\quad Sase$

Para as linhas de 33kV, assumindo que a base de potência é $SSase$ =100MVA e Voltagem

base é *VSase=33kV*.

Portanto, a base da Impedância é $Z\underline{Sase}\dfrac{V2=}{c}$ $\dfrac{332kV}{100}$ $10.89(Ohms)$

A base de admissão é $\dfrac{Sbes^\wedge = 100\ MVA}{V2332kV} = 0.0918274(\ Mhos)$
$\quad\quad\quad\quad\quad\quad\quad base$

Utilizando a seguinte fórmula para calcular a Impedância das linhas

$R\ (Ohms) = R\ (pu\ /\ km)\ X\ Z\ (Ohms)\ X\ comprimento\ (km)$ $_{base}$

Os resultados estão listados abaixo.

$X\ (Ohms) = X(pu/km)XZ$ $(Ohms)Xlength(km)$
$\quad\quad\quad\quad\quad\quad\quad\quad\quad base$

Tabela 1: Cálculo da resistência e da reactância das linhas.

Linha de transmissão entre	Comprimento(	R(pu/km)	X(pu/km)	Z(base) (ohm)	R(ohm)	X(ohm)
1 a 2	0.3	0.02	0.02	1.21	0.00726	0.00726
1 a 9	0.3	0.02	0.02	1.21	0.00726	0.00726
2 a 3	0.3	0.02	0.02	1.21	0.00726	0.00726
3 a 4	0.3	0.02	0.02	1.21	0.00726	0.00726
4 a 8	0.7	0.02	0.02	1.21	0.0169	0.0169
5 a 6	0.3	0.02	0.02	1.21	0.00726	0.00726
5 a 9	0.7	0.02	0.02	1.21	0.00726	0.00726
7 a 6	0.3	0.02	0.02	1.21	0.00726	0.00726
8 a 7	0.3	0.02	0.02	1.21	0.00726	0.00726
10 a 9	0.1	0.008	0.01	10.89	0.00871	0.0108

As perdas reais e reactivas de energia são então observadas.

$$AP = I^2 R = \left(\frac{S}{V} \right) . R = \frac{P^2 + Q^2}{V2} . R$$

$$A Q = \frac{P^2 + Q^2}{V2} . X \text{ e}$$

$AS = AP + jAQ$ Estão listados abaixo

Quadro 2: Cálculo das perdas de potência nas linhas

Linha de transmissão entre autocarros	P (MW)	Q (MVAr)	A P (MW)	A Q (MVAr)
1 a 2	-1.498	1.499	0.000269	0.000269
1 a 9	1.998	-1.661	0.000405	0.000405
2 a 3	-0.999	0.999	0.000119	0.000119
3 a 4	0.5	0.5	0.00003	0.00003
4 a 8	0	0	0	0
5 a 6	-1.498	1.499	0.00028	0.00028
5 a 9	1.998	-1.661	0.000406	0.000406
7 a 6	0.999	-0.999	0.000119	0.000119
8 a 7	0.5	-0.499	0.0000299	0.0000299
10 a 9	-3.239	3.58	0.000186	0.00023

Assim, as perdas totais de energia no sistema são

$P_{Losses} = \sum \Delta P$

$$= 1.844e\text{-}3 \text{ MWh}$$

$Q_{Losses} = \sum \Delta Q$

$$= 1.887e\text{-}3 \text{MVAr}$$

Da observação do Power World, as perdas totais de energia no sistema são $P_{losses} = 1.08e\text{-}3$MWh

$Q_{losses} = 1.08e\text{-}3$MVAr

Toda esta energia reactiva utilizada pelas turbinas eólicas e as perdas no sistema foram fornecidas pela rede externa. Uma derivação é então ligada no sistema para controlo da potência reactiva, de modo a que nenhuma potência reactiva seja absorvida pela rede.

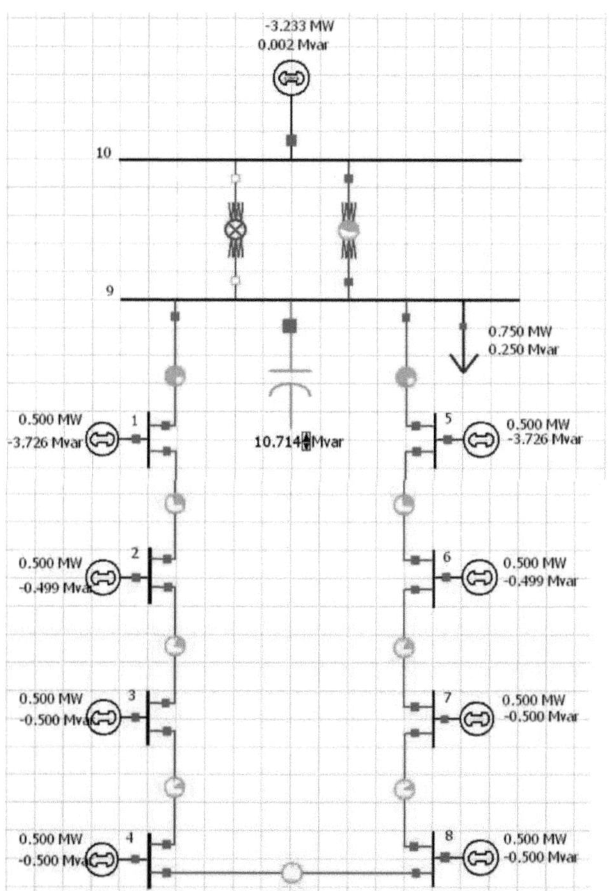

Fig.27: Diagrama de uma linha do parque eólico no mundo da energia após a utilização de shunt para compensação da energia reactiva

Podemos ver pelo diagrama acima, toda a energia reactiva necessária para os geradores de indução é fornecida pela derivação que está ligada no barramento do autocarro 9 .Uma vez ligado o shunt, a energia real gerada foi extraída pela rede e a energia reactivaconsumida pela quinta é fornecida pelo shunt. O shunt fornece 10,714MVAr de energia reactiva ao sistema, que é depois utilizada pelos geradores de indução. O parâmetro da linha foi alterado quando o shunt é ligado. A observação é então feita.

	De Número	Para Número		Estado do Circuito	Xfrmr	MW De		Mvar Frorr		(Max)		MVA DeLim	
£	1	2	1	FechadoNo		-1.49860		1.49950	2.11998	7.5	28.	30.0008991	0-000899
2	5	6	1	FechadoNo		-1.49860		1.49950	2.11998	7.5	28.	30.0008990	.000899
3	2	3	1	FechadoNo		-0.99950		0.99990	1.41379	7.5	18.	90.0004000	.000400
4	3	4	1	FechadoNo		-0.49990		0.50000	0.70704	7.5	9	.40.0001000	.000100
5	10	9	2	Fechado	Sim	-3.23259		0.00161	3.23260	7.5	43.	10.0020900	.002090
6	4	8	1	FechadoNo Aberto		0.00000		0.00000	0.00000	7.5	0.	00.0000000	.000000
8	8	7	1	FechadoNo		0.50000		-0.49990	0.70704	7.5	9	.40.0001000	.000100
9	7	6	1	FechadoNo		0.99990		-0.99950	1.41379	7.5	18.	90.0004000	.000400
10	5	9	1	FechadoNo		1.99860		-5.22542	5.59459	7.5	74.	60.0062600	.006260
11	1	9	1	FechadoNo		1.99860		-5.22542	5.59459	7.5	74.	60.0062800	.006260

Fig.28: Observação dos parâmetros da linha quando o shunt está ligado

Ao compararmos o movimento de energia reactiva nas linhas, estas são alteradas quando a derivação é ligada.

5.0 Solução de fluxo de carga

A solução de fluxo de carga ou Power-flow é a análise do estado estável de uma rede eléctrica.Onível de tensão em todo o sistema, ofluxo de potência e as perdas totais de potência real e reactiva são os parâmetros que podem ser alterados onde como parâmetros de linha de transmissão, parâmetros de transformador, conectividade, potência fornecida pelos geradores e potência consumida pelas cargas são os parâmetrosque podem ser conhecidos.

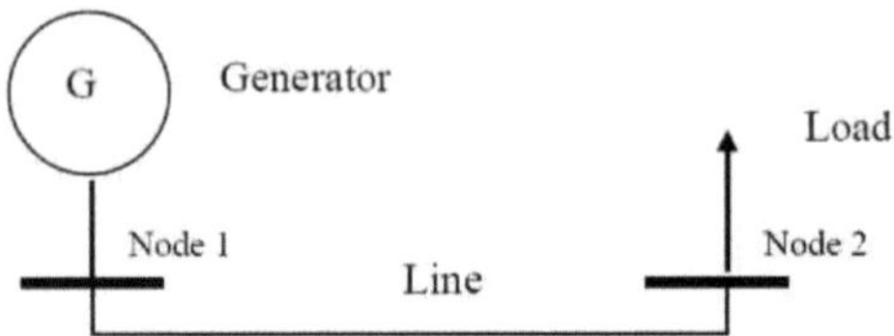

Fig.29: Exemplo de um sistema eléctrico para observação do fluxo de carga [20]

A figura acima é um exemplo de um sistema de energia simples com um gerador (turbina eólica) e uma carga. Estes dois parâmetros são ligados por uma linha de transmissão através dos nós 1 e 2 . Aqui, a carga é considerada a potência complexa $P + jQ$ e a potência real (P) e a magnitude de voltagem $/V/$ são conhecidas pelo gerador.

Consideremos que a procura de carga (sₒ) é $P+jQ$ e a voltagem no gerador é V1, Então,

$SD = V_{2I}$ * A capacidade de QShunt é negligenciada e a linha de transmissão é modelo as impedance ZL . * são o conjugado complexo.

Assim, o I actual é

$S*D/V*2$ ------------ (1)

A partir da figura que conhecemos

$V1 = V2 + ZLI$ (2)

Comparando as equações 1 e 2 , obtemos,

$V1 = V_2 + ZL - SD */V_{2*}$

5.1 Perturbações de tensão devido a falha na rede

Anormal e pouco disposto a ter resistivo infinito entre dois nós devido a várias razões está a considerar um curto-circuito. Durante este tempo, o circuito permite que a corrente flua num caminho diferente do caminho original. Para os engenheiros de sistemas de energia, calcular a corrente de curto-circuito é uma tarefa central. Estes curto-circuitos de corrente são os parâmetros essenciais para instalar e projectar equipamento eléctrico. O cálculo destas correntes também ajuda a operar os sistemas de energia e a gerir as falhas. Explica também como utilizar um sistema de componentes simétricos para analisar diferentes tipos de curto-circuito em sistemas de energia. O cálculo dos parâmetros de curto-circuito também ajuda a compreender o efeito térmico e electromagnético nos equipamentos e instalações. O estudo do nível de potência em curto-circuito explica a capacidade da rede para absorver os distúrbios.

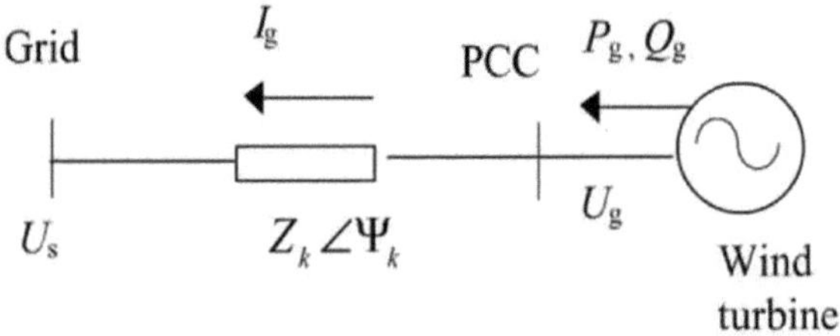

Fig.30: Circuito do sistema com um gerador de energia eólica equivalente ligado a uma rede [19]

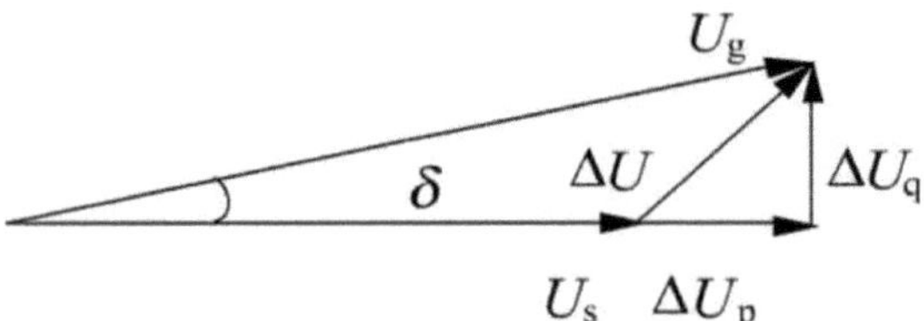

Fig.31: Diagrama de phasor para a ligação em causa [19]

A figura acima é uma unidade de geração de energia eólica equivalente ligada a uma rede com impedância curta ZK. Consideremos um ponto num circuito com impedância equivalente ZK entre o ponto e o local remoto. Consideremos também que a tensão longe do ponto pode não ser influenciada pelas condições neste ponto. Se Uk é uma tensão nominal do ponto então a potência do curto-circuito Sk é dada pela equação

$$Sk = Uk2/Zk$$

Se a impedância ZK for pequena, as variações de tensão serão pequenas e a rede é forte, mas se ZK for grande, a variação de tensão será grande e a rede é fraca.

Consideremos,

Us = tensão de rede no barramento do autocarro remoto assumido

Ug = tensão no PCC (ponto de acoplamento comum)

Pg= geração real de energia

Qg= potência reactiva de saída do gerador

Assim, a corrente gerada pelo gerador é dada por,

$$I_g = \left(\frac{S_g}{U_g}\right)^*$$

$$P_g{-}_{jQ_g}$$

A diferença de voltagem ΔU entre o ponto de ligação e o sistema éentão dada por,

$$\Delta U = U_g - U_s$$

$$= Z_k I_g$$

$$= (R_k + jX_k)\,(\,P\ U'Q\ 1$$

$$= R_k P_g + X_k Q_g + j P_g X_k - Q_g R_k$$

$$= U\ U$$

$$= \Delta U_p + j \Delta U_q$$

Aqui, podemos ver que o ΔU depende da impedância do curto-circuito e da potência real e reactiva do gerador de energia eólica. É também evidente que se variarmos a potência gerada, haverá uma variação na voltagem no PCC. A voltagem no PCC precisa de ser mantida dentro do limite. Os operadores do sistema dos parques eólicos precisam de ter cuidado para não trazer a magnitude da voltagem para fora do limite operacional.

5.2 Simulação de curto-circuito no parque eólico usando o mundo da energia

Há uma mudança no nível de tensão na rede eléctrica se uma ou poucas linhas tropeçarem ou se ocorrer uma falha. É simuladoum curto-circuito na linha que liga o barramento do autocarro 2 e 3 no parque eólico. Isto provoca um mergulho de tensão nos nós circundantes. A voltagem na falha da rede depende do suporte de energia reactiva do parque eólico.

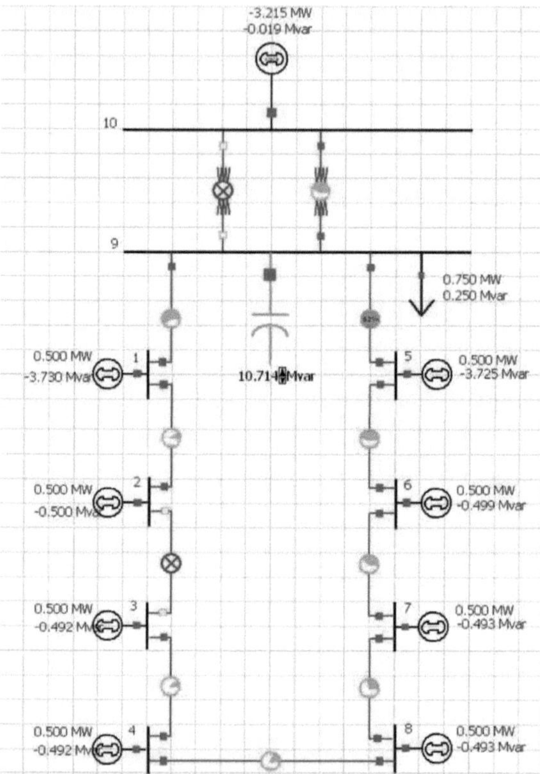

Fig.32: Observação do fluxo de energia quando a linha que liga as turbinas eólicas 2 e

3 ocorrem uma falha

Anteriormente não havia corrente eléctrica a passar pela linha que liga o autocarro 4 e 8, mas quando ocorre uma falha na linha 2-3, há uma corrente eléctrica a passar na linha. Como a maior parte da energia gerada pelas turbinas eólicas é enviada para a rede externa através da linha 5-9, a linha está sobrecarregada. Para isso, ou necessitamos de manutenção na falha ou podemos utilizar linhas duplas para a transmissão. Mas a tensão continua a flutuar mesmo após a eliminação da falha, se a tecnologia utilizada for pouco avançada ou se o controlo dinâmico do Var for pouco avançado.

Do Número	Para o estado de Circuito Numérico Xfrmr MW De			Frente Mvar		MVA % do Limite MVA LossMvar			MVA FromLim LossMvar
1	5	6 1	FechadoNo -2.48005		2.474663	.50351	7.5	46.	70.0024550	.002455
2		12 1	FechadoNo -0.49990							
			OpenNo							
			Aberto							
5		109 2	Fechado Sim	-3.	21463-0.	018773.21469		7.5	42.	
6	3	4 1	FechadoNo 0.	49660-0.	492300.69927		7.5	9.	30.0000980	.000098
7		48 1	FechadoNo 0.	99301-0.	984801.39854		7.5	18.	60.0003910	.000391
8		87 1	FechadoNo 1.	48893-1.	477792.09780		7.5	28.	00.0008800	.000880
9		76 1	FechadoNo 1.	98406-1.	971562.79706		7.5	37.	30.0015650	.001565
10		19 1	FechadoNo 0.	99990-4.	229994.34657		7.5	58.0	0.0037790	.003779
H		59 1	FechadoNo 2.	98004-6.	199786.87880		7.5	91.	80.0094640	.009464

Fig.33: Observação de parâmetros de linha feita no simulador do mundo de energia quando lá

é uma falha ocorrida na linha 2-3

Como podemos ver, a energia está a fluir no conector de reserva que liga o barramento do autocarro 4-8 .Também podemos ver que a% do limite de MVA para a linha 5-9 é muito alta, ou seja, muito carregada. Para resolver este problema, a falha precisa de ser eliminada o mais depressa possível.

	Número de autocarro | Nome do autocarro	Gen MW	Gen Mvar	Set Volt | AGC	AVR	Min MW	Max MW	Min Mvar	Max Mvar
1	1 1	1 0.5000QI	-3.730024	1.00000 NÃO	SIM	0.00	1000.00	-9900.00	9900.00
2	2 2	0.50000	-0.499870	1.00000 NÃO	SIM	0.00	1000.00	-9900.00	9900.00
3	3 3	0.50000	-0.492303	1.00000 NÃO	SIM	0.00	1000.00	-9900.00	9900.00
4	4 4	0.50000	-0.492401	1.00000 NÃO	SIM	0.00	1000.00	-9900.00	9900.00
5	5 5	0.50000	-3.725114	1.00000 NÃO	SIM	0.00	1000.00	-9900.00	9900.00
6	6 6	0.50000	-0.499084	1.00000 NÃO	SIM	0.00	1000.00	-9900.00	9900.00
7	7 7	0.50000	-0.492889	1.00000 NÃO	SIM	0.00	1000.00	-9900.00	9900.00
8	8 8	0.50000	-0.492596	1.00000 NÃO	SIM	0.00	1000.00	-9900.00	9900.00
9	10 10	-3.21463	-0.018769	1.00000 NÃO	SIM	0.00	1000.00	-9900.00	9900.00

Fig.34: geração de MW e MVAr pelos geradores após uma falha ocorrida na linha 2-3

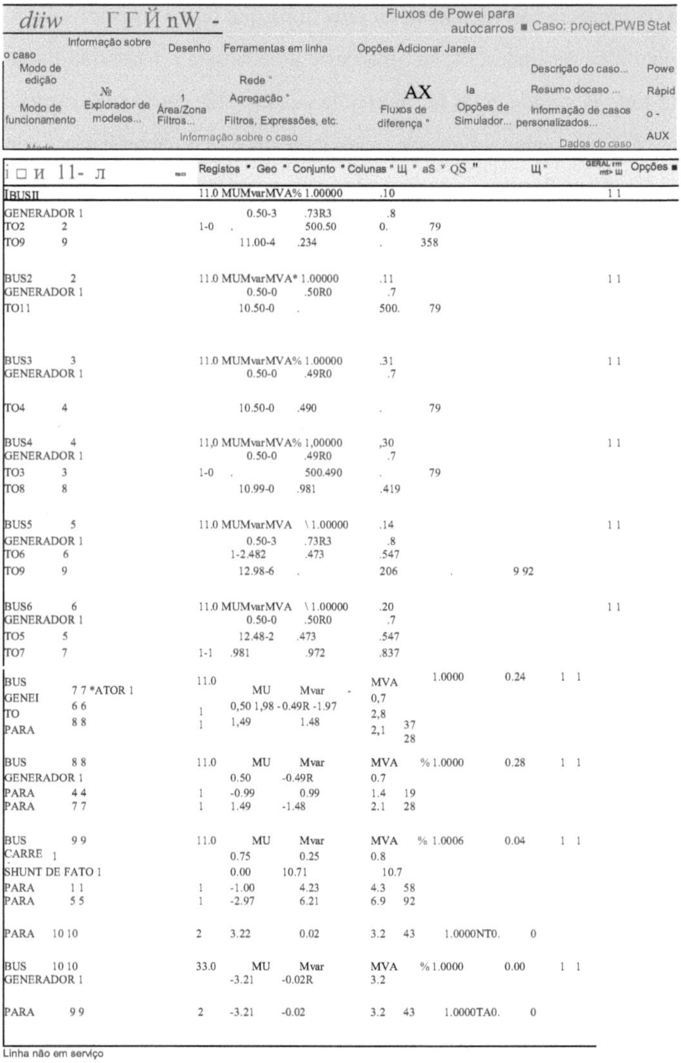

BUS1	1	11.0 MUMvarMVA% 1.00000		.10					1 1
GENERADOR 1		0.50-3	.73R3	.8					
TO2	2	1-0 .	500.50	0.	79				
TO9	9	11.00-4	.234	.	358				
BUS2	2	11.0 MUMvarMVA* 1.00000		.11					1 1
GENERADOR 1		0.50-0	.50R0	.7					
TO11		10.50-0	.	500.	79				
BUS3	3	11.0 MUMvarMVA% 1.00000		.31					1 1
GENERADOR 1		0.50-0	.49R0	.7					
TO4	4	10.50-0	.490	.	79				
BUS4	4	11,0 MUMvarMVA% 1,00000		,30					1 1
GENERADOR 1		0.50-0	.49R0	.7					
TO3	3	1-0 .	500.490	.	79				
TO8	8	10.99-0	.981	.419					
BUS5	5	11.0 MUMvarMVA \ 1.00000		.14					1 1
GENERADOR 1		0.50-3	.73R3	.8					
TO6	6	1-2.482	.473	.547					
TO9	9	12.98-6	.	206		.	9 92		
BUS6	6	11.0 MUMvarMVA \ 1.00000		.20					1 1
GENERADOR 1		0.50-0	.50R0	.7					
TO5	5	12.48-2	.473	.547					
TO7	7	1-1 .981	.972	.837					
BUS 7 7 *ATOR 1		11.0	MU Mvar -	MVA	1.0000	0.24	1 1		
GENEI 6 6			0,50 1,98 -0.49R -1.97	0,7 2,8					
TO 8 8		1	1,49 1.48	2,1 37					
PARA		1		28					
BUS 8 8		11.0	MU Mvar	MVA	% 1.0000	0.28	1 1		
GENERADOR 1			0.50 -0.49R	0.7					
PARA 4 4		1	-0.99 0.99	1.4 19					
PARA 7 7		1	1.49 -1.48	2.1 28					
BUS 9 9		11.0	MU Mvar	MVA	% 1.0006	0.04	1 1		
CARRE 1			0.75 0.25	0.8					
SHUNT DE FATO 1			0.00 10.71	10.7					
PARA 1 1		1	-1.00 4.23	4.3 58					
PARA 5 5		1	-2.97 6.21	6.9 92					
PARA 10 10		2	3.22 0.02	3.2 43	1.0000NT0.	0			
BUS 10 10		33.0	MU Mvar	MVA	% 1.0000	0.00	1 1		
GENERADOR 1			-3.21 -0.02R	3.2					
PARA 9 9		2	-3.21 -0.02	3.2 43	1.0000TA0.	0			

Linha não em serviço

Fig.35: Observação do fluxo de energia obtido a partir do simulador do mundo da energia quando a falha ocorreu na linha 2-3

5.3 Estabilidade da tensão

Ainstabilidade da tensão ocorre quando há uma perturbação, aumento da procura de carga ou alteração doestado do sistema causa uma diminuição progressiva e incontrolável da tensão. A razão para esta instabilidade deve-se principalmente ao desequilíbrio da procura da potência reactiva e do recurso reactivo dinâmico.

Nos últimos anos, o sistema de energia é operadomais próximo dos limites de segurança, o que torna os operadores mais difíceis. O aumento da procura, a menor expansão da rede de transmissão devido a restrições ambientais, a necessidade de transferências de energia a maior distância são os principais factores de instabilidade de tensão e uma grandepreocupação em muitos sistemas de energia. A estabilidade da tensão é um problema nos sistemas de energia que estão fortemente carregados, avariados ou com falta de energia reactiva.

O colapso da tensão ocorre então quando por qualquer meio leva o sistema eléctrico a um perfil de tensãomuito baixo e inaceitável. Os principais factores para o colapso da tensão são

J Carga muito elevada no sistema

J A distância entre a carga e a fonte é elevada

J Quando a fonte de tensão é muito baixa

J Falha do sistema de energia para satisfazer a sua procura reactiva

JFluxo de potência reactiva pesada no sistema

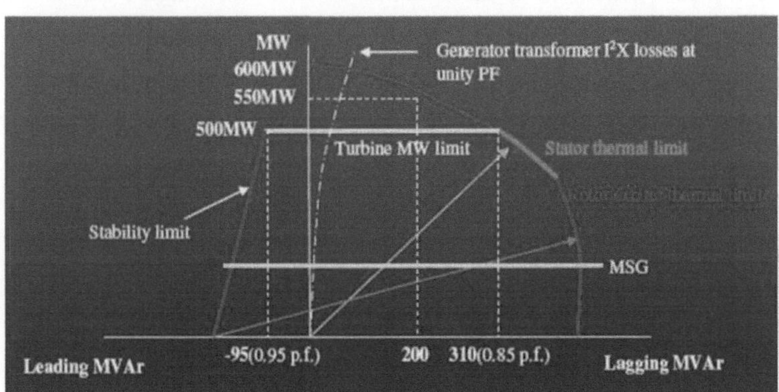

Fig.36: Característica geral do colapso de tensão [9].

5.4 Compensação reactiva

Apresença de bancos de condensadores de potência para compensação de energia reactiva é muito frequente em instalações eléctricas industriais durante muito tempo. Mas nos últimos anos, o desenvolvimento de controladores FACTS como os SVC (Static Var Compensators), STATCOM, TCSC (Tiristor-controlled Series Capacitors) e phase-shifter têm uma resposta muito mais rápida e são operados por controlos sofisticados. Em todosestes controladores, a potência reactiva necessária para a compensação é gerada ou absorvida pelos bancos tradicionais de condensadores ou reactores e os interruptores tiristores são utilizados apenas para o controlo da impedância reactiva combinada que estes bancos apresentam ao sistema ac.

5.5 Compensador de var estático

O SVC é um dispositivo FACTOS de estado sólido que fornece compensação dinâmica de potência reactiva baseada no controlo comprovado do tiristor. Não têm uma parte móvel excepto disjuntores e desconexões e foram concebidos parauniro factor de potência do sistema. O SVC baixa ou aumenta a tensão do sistema quando necessário. O SVC proporciona muitos benefícios ao nível da transmissão, distribuição e mesmo ao nível do utilizador final. À medida que as redes de transmissão do mundo evoluem no sentido de transferências de energia mais elevadas e linhas mais longas, serão levadas a tornar-se mais eficientes para satisfazer as crescentes exigências energéticas. Também ajudam a diminuir as perdas nas linhas a estabilizar o sistema de energia fraca e a aumentar as transformações de energia. Para além do apoio à tensão, os SVC são também utilizados para melhorar a estabilidade transitória e dinâmica.

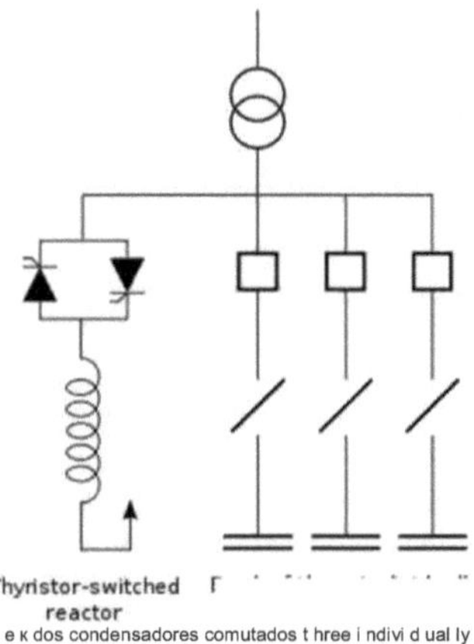

Fig.37: Uma configuração típica de SVC que emprega comutação mecânica condensadores e reactores de controlo de tiristores. Ref: www.wikipedia.org

As SVC controladas por tiristores são os precursores dos controladores FACTOS de hoje em dia. Com uma coordenação adequada da comutação do condensador e controlo do reactor, a saída var pode variar continuamente entre asclassificaçõescapacitivase indutivas do equipamento.

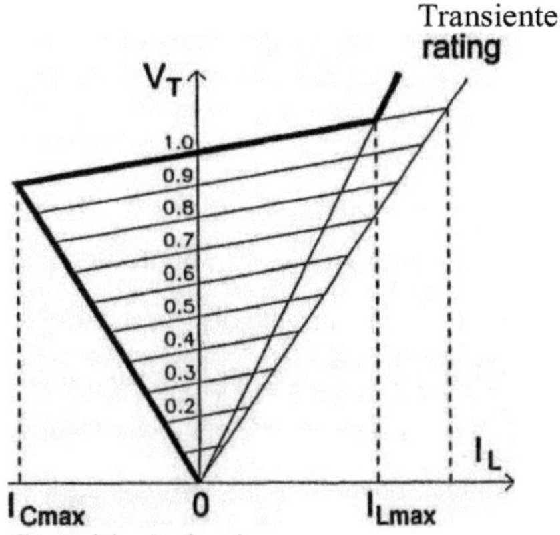

CapacitiveInductive

Fig.38: V-I característica do compensador estático de var [11].
Esta curva V-I indica que a regulação com uma determinada inclinação em torno da tensão nominal pode ser alcançada na gama de funcionamento normal definida pelas

correntes capacitivas e indutivas máximas da SVC. Contudo, a potência reactiva gerada diminui quadruplica e a corrente capacitiva diminui linearmente com a tensão do sistema e quando a saída capacitiva máxima é atingida, a SVC torna-se um condensador fixo.

6.1 Electrónica de potência em parques eólicos

Devido ao desenvolvimento de dispositivos semicondutores e da tecnologia de microprocessadores, a aplicação da electrónica de potência tem vindo a aumentar.Oconversor de potência actua comointerface entre as turbinas de carga/vento e a rede. A tecnologia de dispositivos electrónicos de potência ainda está sob importante progresso e, com a sua crescente importância, o tamanho e o custo destes dispositivos electrónicos de potência está a diminuir.

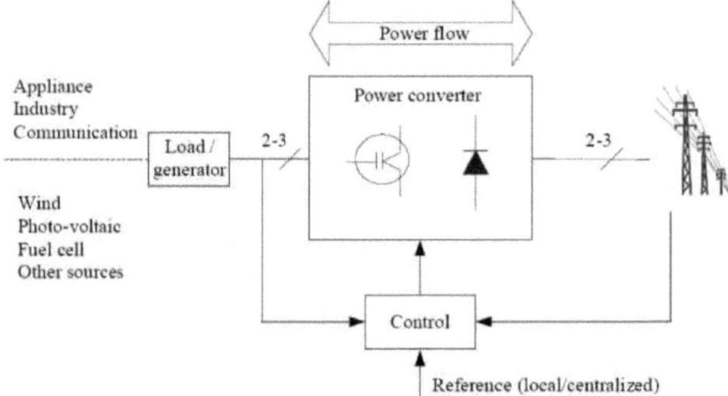

Fig.39:Sistema electrónico de energiacom a rede, carga/fonte, conversor de energia e controlo [6]

Há um rápido aumento no consumo de energia eléctrica global, pelo que a produção, distribuição e utilização da energia deve ser o mais eficiente possível do ponto de vista tecnológico. Há uma necessidade de novas fontes de energia eléctrica devido à finitude do combustível fóssil do mundo. Podem ser instaladas novas tecnologias, incluindo electrónica de alta eficiência no sistema de energia, para resolver os problemas futuros nos sistemas de energia. À medida que a gama de geração deenergia das turbinas eólicas aumenta, os parâmetros de controlo tornam-se mais importantes e a necessidade de introduzir a electrónica de potência aumenta. A electrónica de potência instalada entre a turbina eólica e a rede ajuda a controlar os parâmetros paracontrolara tensão e a potência reactiva.

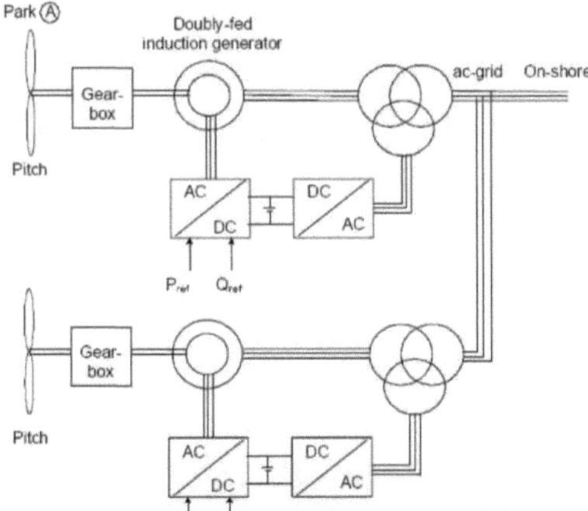

Fig.40: Sistemas geradores de indução duplamente alimentados com grelha de ac com conversores. (Para controlo de potência real e reactiva) [6].

6.1 Rectificador

Osrectificadores são os dispositivos semicondutores que convertem corrente alternada (CA) em corrente contínua (CC). Estes dispositivos são utilizados como componentes da alimentação eléctrica e como detectores de sinais de rádio. São também utilizados para carregar as baterias em sistemas de energia eólica e actuam também como parte de sistemas de energia eólica de velocidade variável. A figura abaixomostra o rectificador monofásico com carga resistiva.

Mas para o rectificador trifásico, a tensão média de saída DC no circuito é dada pela equação

$$Vdc = \frac{3\sqrt{2}VLcosa}{\Pi}$$

Onde,

VLé a tensão linha a linha e

a É o ângulo de atraso de disparo na comutação.

O ângulo de atraso de disparo é medido a partir da passagem do zero na metade positiva da onda de tensão CA.

A carga ajuda a determinar a corrente no lado DC. Assim, a corrente contínua é dada pela equação

$$I_{DC} = \frac{\text{Potência de carga DC}}{V_{DC}}$$

O equilíbrio de potência deve ser mantido tanto no lado AC como no lado DC para a operação em estado estacionário. Assim, a potência no lado AC é dada por

$$P_{AC} = \text{Eficiência do rectificador de potência de carga DC}$$

E a potência CA trifásica é dada pela equação

$$P_{AC} = \sqrt{3}.V_{i}.I_{i}.\cos \phi$$

Onde cos ϕ é o factor de potência do lado AC. Se o conversor electrónico de potência for bem concebido, o factor de potência no lado AC é aproximadamente igual ao da carga.

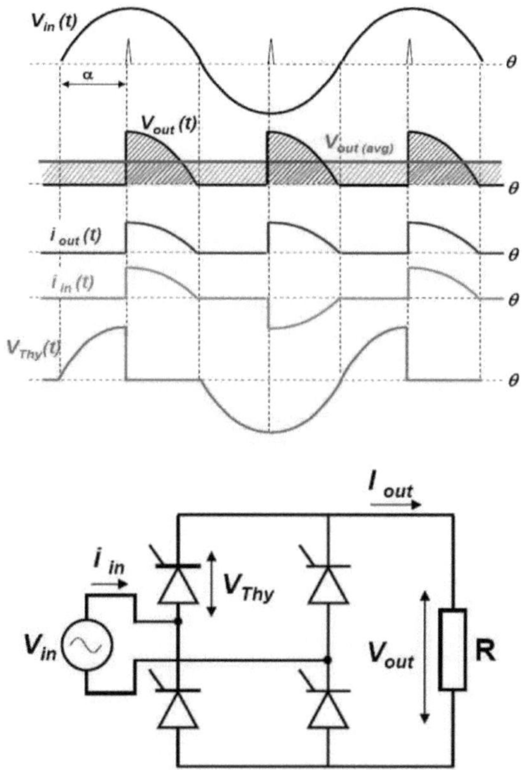

Fig.41: Ponte controlada monofásica AC-DC rectificadores com carga resistiva [13].

6.2 Inversor

Os inversores são o dispositivo electrónico de potência que converte corrente contínua (CC) em corrente alternada (CA). A corrente CA à saída pode estar em qualquer voltagem e frequência necessárias, utilizando transformadores apropriados, circuitos de comutação e controlo. A maioria dos inversores nos últimos anos são de tipo electrónico. Este inversor consiste em elementos de circuito que comutam altas correntes e circuitos de controlo que coordenam a comutação destes elementos. Existem dois tipos básicos de linha comutada e auto-comutada inversores mas também podem ser encontrados inversores autocomutados para autónomos

aplicações, mas são dispendiosas comparando as outras.

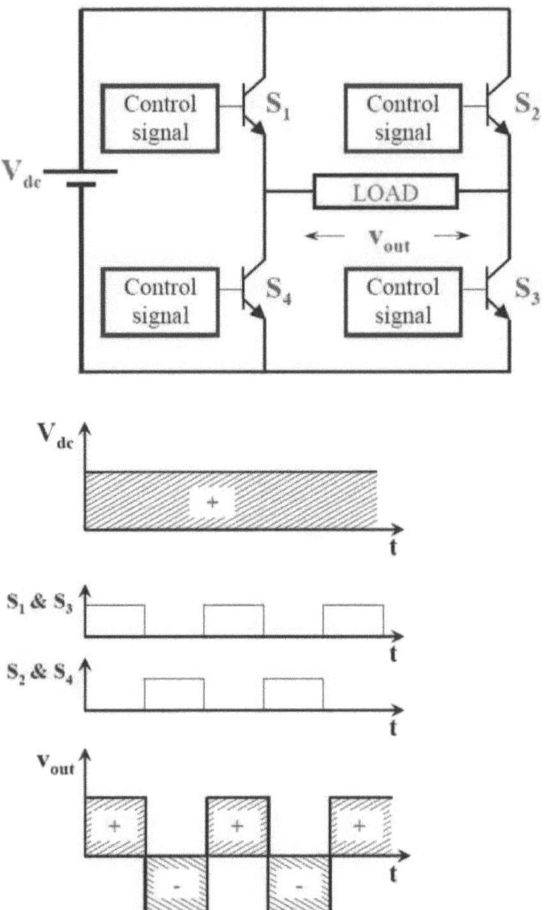

Fig.42: Inversores DC-AC com tensões de entrada e saída [13]

A entrada DC para os inversores pode ser a partir da saída DC rectificada do sistema de energia eólica de velocidade variável ou da saída DC da bateria utilizada no sistema de energia eólica.

Para o inversor CA trifásico, a frequência fundamental (50HZ) tensão fase-a-neutro é dada pela equação

$$Vph = 2^2\cos^{f\Pi} IvDC$$
$$\Pi < 6\ J$$

Onde,

A tensão de linha a linha é dada por 73 Vph

Estes rectificadores e inversores são ligados ponta a ponta para ligar a energia gerada a partir das turbinas eólicas à rede. Osdispositivos electrónicos de potência, circuitos de controlo e circuitos de protecção são os elementoschave para os conversores electrónicos de potência que dependem das topologias e da aplicação. Eles permitem o fluxo da electricidade em qualquer direcção, dependendo do tipo de conversor utilizado. Os conversores que utilizam tiristores como interruptor produzemharmónicosinteirose requerem filtro para a filtragem de harmónicos. OsIGBTs(Transístores Bipolares de Porta Isolada) são utilizados para conversores PWM (pulse Width Modulated) que podem controlar tanto a potência activa como a reactiva. Assim, os conversores PWM podem fornecer a energia reactiva necessária para os geradores de indução. Mas mais uma vez as perdas aumentam e os harmónicos produzidos devido à alta frequência de comutação destes conversores.

6.3 Conversores Buck-Boost

O conversor Buck, Boost ou Buck-Boost é um conversor electrónico DC-DC de potência que temuma magnitude detensão de saídamaior ou menor do que a magnitude da tensão de entrada. A tensão de saída é controlada através do ajuste do ciclo de trabalho do transístor de comutação.

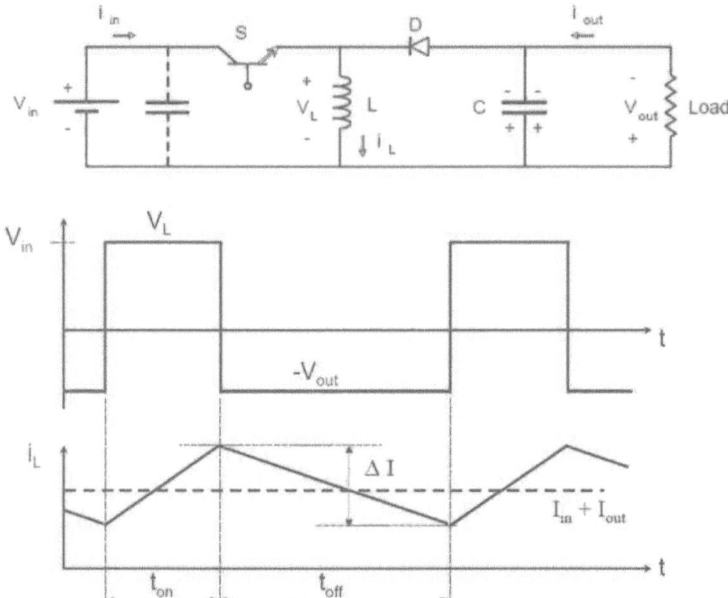

Fig.43: Conversor Buck-Boost para conversão DC-DC [13]

OBuck, Boost ou Buck-boostconversor pode ser por vezes necessário durante o processo de conversão. Estes conversores são utilizados ou para aumentar ou diminuir a magnitude da tensão de entrada. Estes conversores podem também ser utilizados para a transmissão de corrente contínua de alta tensão (HV-DC).

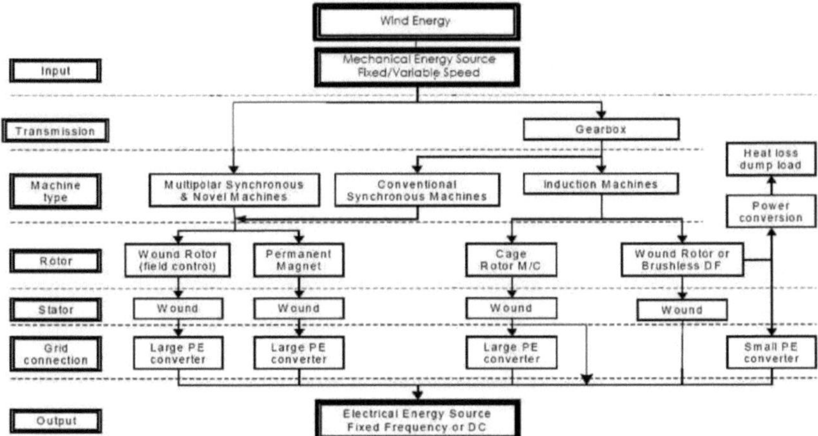

Fig.44: Roteiro para a conversão electrónica de energia [19]

A electrónica de potência desempenha um papel importante no parque eólico. Estes parques estão ligados com dispositivos electrónicos de potência e conversores que podem realizar tanto o controlo de potência real como reactivo e também operar as turbinas eólicas em diferentes velocidades. Esta função ajuda a capturar a quantidade máxima de energia e também reduz o ruído na torre e algum stress mecânico.

6.4 Parques eólicos off shore

Muitos países do mundo estão a planear construir grandesparques eólicosoff-shoreque, no futuro, poderão apresentar uma contribuição significativa de energia para a Rede Nacional. Assim, os parques eólicos off-Shore desempenham um papel importante na qualidade da energia e no controlo dos sistemas de energia. O número de turbinas eólicas já foi instalado em locais off-shore europeus e muitos outros novos países da UE estão também a explorar a expansão do uso de energia eólica offshore.

Os mares em torno da costa do Reino Unido podem fornecer energia eólica extra suficiente para alimentar o equivalente a 19 milhões de lares. O vento offshore britânicotem o potencial de gerar mais de um quarto da electricidade necessária com 25GW de produção de electricidade [26] . Também irão criar mais de 70.000 novos empregos em todo o país.

A superfície da água nos oceanos é muito lisa em comparação com a superfície terrestre. Portanto, a rugosidade da superfície é baixa, o que resulta numa baixa intensidade de turbulência e no cisalhamento do vento. Isto resulta numa maior vida útil da turbina.

Os parques eólicos offshore são considerados a importante fonte de fornecimento de energia futura para o Reino Unido. O Reino Unido é actualmente omaior mercado global de energia eólica off-shore [12] .Há um aumento acentuado do custo de capital e com viabilidade económica tem havido uma grande implantação para projectos eólicos offshore.

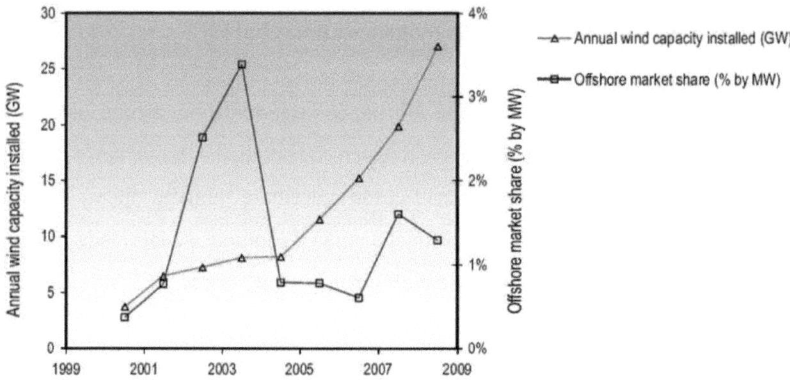

Fig.45: Capacidade eólica anual instalada (GW) no Reino Unido e quota de mercado offshore (% por MW) [12]

North Hoyle é o primeiro parque eólico offshore de grande escala no Reino Unido [15] e estima-se que mais de 33% do total dos recursos eólicos offshore potenciais europeus no Reino Unido. Para alcançar a metado Governo para 2010 degeraçãorenovável e para reduzir a quantidade substancialde emissão de CO_2, espera-se que a energia eólica off-shore seja o principal contribuinte.

Quadro 3: Estimativa dos recursos eólicos off-shore praticáveis no Reino Unido [17]

Profundidade da	Distância da costa (km)			Totais
'm'	0-10	10-20	20-30	
0-10	14.39	1.45	0.12	**15.95**
10-20	12.23	8.95	3.70	**24.88**
20-30	15.52	14.26	6.12	**35.89**
30-40	6.58	10.94	5.93	**23.45**
Totais	48.73	**35.59**	15.86	**100.18**

Há um desenvolvimento constante nos projectos eólicos off-shore com um potencial de 1.000

Terawatt horas (TWh)/ano de produção de electricidade [16] . O Reino Unido é considerado um local ideal para a energia eólica offshore no mundo "devido à sua combinaçãofavorável de

recursos eólicos, forte regime offshore e a extensão da legislação relevante, A tecnologia utilizada em parques eólicos off-shore é muito semelhante à utilizada em terra, excepto que apenas instalam grandes geradores devido ao elevado custo de instalação. Há falhas muito mais frequentes em parques eólicos off-shore e pode demorar mais tempo a localizar e reparar. Devido ao espaço restrito e ao elevado custo de apoio, os parques eólicos off-shore entram em conflito com a necessidade de interruptores adicionais para isolar o equipamento defeituoso. Osparques eólicos off-shoretêm uma duração de vida semelhante de aproximadamente 20 anos. Uma típica torre eólica off-shore tem uma altura entre (100-120) m com (30-40) m de lâmina. Amaioria dosgeradores offshore instalados nos últimos anos são de (1,5-3) MW e as turbinas até 5 MW estão a ser prototipadas.

a obrigação renovável, para 15% até 2015"

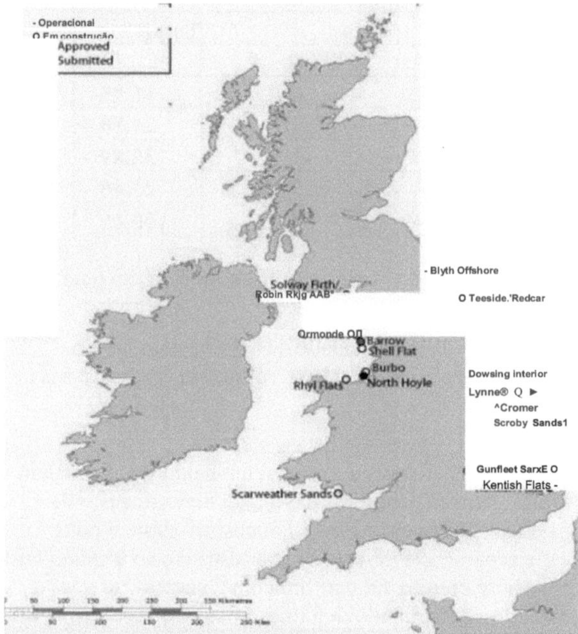

Fig.46: Parques eólicos off-shore no Reino

O controlo da tensão e da potência reactiva de grandes parques eólicos offshore não pode ser ignorado, embora a eficiência do controlo para o sistema de transmissão seja limitada. Seria um desafio manter uma tensão rígida e desejada no ponto de ligação offshore do sistema de transmissão em terra sem qualquer controlo de energia reactiva do próprio parque eólico. A potência reactiva do grande parque eólico offshore é também necessária parareduzirasflutuações de tensão no ponto de ligação on-land causadas pela sua variação na geração de energia.

A tecnologia HVDC pode ser instalada nas subestações de grandes parques eólicos off-shore para permitir a ligação DC à costa. É uma tecnologia muito dispendiosa, mas reduz as perdas de energia e o desempenho irá, sem dúvida, melhorar. Esta tecnologia também ajuda na correcção do Factor de Potência.

A disposição óptima para a transmissão da saída da matriz para terra é comer a tensão utilizada dentro do parque eólico (geralmente 11kV), mas aenergia dos grandesparques-eólicos offshore pode ligar-se à terra a 132kV. Para a estrutura de apoio, transformadores e equipamentos de comutação, são instaladas subestações off-shore perto dos parques eólicos off-shore.

6.5 Tecnologia HVDC

Acorrente contínua de alta tensão (HVDC) é uma alternativa altamente eficiente para a transmissão de energia a granel que utiliza a corrente contínua. Este sistema sofre menores perdas de energia eléctrica, mas para distâncias mais curtas é dispendioso devido ao custo mais elevado do conversor. Esta tecnologia é utilizada para transmitir energia em longas distâncias e também é útil para interligar sistemas de energia separados. As soluções de HVDC tornaram-se mais desejáveis devido às suas vantagens ambientais e ao controlo do fluxo de energia.

O HVDC é ideal para os parques eólicos offshore que primeiro se convertem em altatensão utilizando o conversor de impulso e depois transmitem CC através de cabos submarinos para a terra. Aí é convertido de volta para AC por outro sistema conversor de HVDC. O STATCOM é instalado na estação para referenciar a tensão CA e também para apoio dinâmico de energia reactiva à rede offshore. Tanto a potência real como a reactiva podem ser controladas utilizando esta tecnologia.

7.1 Conclusão e continuação dos trabalhos

Um modelo dinâmico do parque eólico foi implementado no sofisticado programa de simulação do sistema de energia "Power World Simulator". Este modelo é utilizado para avaliar a influência do controlo dinâmico Var dos parques eólicos na tensão da rede. Este trabalho também proporciona a interacção dinâmica entre o parque eólico e os sistemas de energia em que estão ligados. A potência reactiva requerida pelosgeradores de induçãofoi calculada como objectivos principais deste projecto. Também foram calculadas as perdas de potência real e reactiva no sistema. Toda a potência reactiva requerida pelo sistema foi então fornecida pela derivação.Foi também estudadoo efeito em tensão devido à alteração dapotênciareactivano sistema. Foi também estudado o efeito de curto-circuito num sistema de energia de um parque eólico.

O modelo aerodinâmico do parque eólico também tem sido discutido. O limite de Betz não explica mais do que 59,3% da energia cinética pode ser extraída do vento. A eficiência mecânica de uma turbina eólica depende do coeficiente de potência que é dado pelo ângulo de inclinação e pela relação de velocidade máxima. A velocidade ajustável irá melhorar a eficiência do sistema, uma vez que a velocidade da turbina pode ser ajustada em função da velocidade do vento à potência máxima de saída.

A aplicação da electrónica de potência no sistema de geração de turbinas eólicas e em parques eólicos offshore também são ilustradas. Aaplicação da transmissão HVDC e a sua contribuição para o controlo da tensão e da potência reactiva utilizando estes semicondutores também foram discutidas. O desempenho das turbinas eólicas é muito melhorado através da utilização da electrónica de potência. Estes conversores electrónicos de potência são dispendiosos de utilizar mas actuam como um contribuinte para ocontrolo de frequência e tensão por meio de controlo activo e reactivo de potência. A potência reactiva e o controlo de voltagem dos parques eólicos não podem ser desconsiderados. Não é possível manter uma tensão desejada no ponto de ligação sem qualquercontrolo da potência reactiva do próprio parque eólico. Com respeito a uma quota crescente de energia eólica no sistema eléctrico e, portanto, menos acesso às funções de controlo das centrais eléctricas convencionais, a contribuição da energia reactiva do parque eólico e acaracterística decontrolo de voltagemserão, no futuro, cada vez mais essenciais para a segurança do funcionamento do sistema eléctrico.

8.0 Referência

[1]   Wind and Solar Power Systems, Mukund R. Patel 1999 U.S. Merchant Marine
      Academy, Kings Point , New York ISBN: 0-8493-1605-7

[2]   Wind Energy Explained Theory,Design and Application 2003 J.F. Manwell,
      J.G. McGowan, A.L. Rogers University of Massachusetts Amherst, USA ISBN:
      0 471 49972 2

[3]   Power System Analysis and Design[4th] Edition J. Duncan Glover, Mulukutla S.
      Sarma, Thomas J.Overbye ISBN: 13: 978-0-495-29596-9

[4]   Manual de EnergiaEólicaTony Burton, David Sharpe, Nick Jenkins, Ervin
      Bossanyi ISBN:0-471-48997-2

[5]   Novos Sistemas Electrónicos de Potência para Aplicações de Energia Eólica:
      Relatório Final Out 2004 R. Ericsson, S. Angkititrakul, O. Al-naseem e
      Universidade G.Lujan do Colorado Boulder, Colorado NREL/SR-500-33396

[6]   M.P. Kazmierkowski, R. Krishna, F. Blaabjerg Control in Power Electronics-
      Problemas seleccionados Imprensa académica 2002 ISBN: 0-12-402772-5

[7]   http://www.pfr.co.uk/pfr/page /434 (Setembro de 2009)

[8]   Power System Operation[3rd] edition, Robert H. Miller, James H. Malinowski.
      ISBN: 0-07-041977-9

[9]   Estabilidade e controlo do sistema eléctrico, Prabha Kundur ISBN: 0-07-
035958-X

[10] Turbinas Eólicas, Fundamentos, Tecnologias, aplicação, Economia[2a] Edição
      ISBN: 10-3-540-24240-6

[11] Flexible AC Transmission Systems Y.H. Song, A.J. Johns IEE 1999

[12] www.bwea.com(Setembro de 2009)

[13] Essência da Engenharia Eléctrica, Electrónica, Electrónica de Potência e
      Mecatrónica. Mohamed Darwish, Maysam Abbod, Pearson Publications,
      Janeiro de 2009

[14] www.bwea.com/pdf/wfd/pdf(Setembro de 2009)

[15] www.bwea.com/offshore/info.html(Setembro de 2009)

[16] www.bwea.com/pdf/briefings//offshore05 small.pdf (Setembro de 2009)

[17] www.berr. gov.uk/files/file17774.pdf (Setembro de 2009)

[18] www.bwea.com/offshore/round1.html(Setembro de 2009)

[19] www.scribd.com/doc/6404925/power-electronics-for-modem-wind-turbines(Setembro de 2009)

[20] Análise do Sistema de Energia Moderna[3ª] edição. D. P. Kothari, I. J. Nagrath. ISBN: 0-07-049489-4

[21] Engenharia e Tecnologia (E e T) www.theiet.org/magazine volume 4 edição 18 (8 Ago - 11 Set)

[22] www.berr.gov.uk/files/file45405.pdf(Setembro de 2009)

[23] www.wikipedia.org(Setembro de 2009)

[24] BWEA Revisão Anual 2008
www.bwea.com/pdf/bwea revisão anual 2008.pdf (Setembro de 2009)

[25] Visão Geral da Tecnologia das Turbinas Eólicas
www.powernaturally.org/programs/wmd/toolkit/9 windturbinetech.pdf
(Setembro de 2009)

[26] Engenharia e tecnologia (E e T) www.theiet.org/magazine volume 4, número 12 (11 de Julho - 24 de Julho)

[27] www.windmission.dk/workshop/bonusturbine.pdf(Setembro de 2009)

[28]www.psemr.vojvodina.sr.gov.yu/aktuelno/power electrónica para Turbina Eólica s.pdf Power Electronics for wind Turbines (Setembro de 2009)

More
Books!

OMNIScriptum

Printed by Books on Demand GmbH, Norderstedt / Germany